小学心理辅导教师工作指南

本书编写组◎编

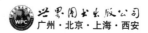
世界图书出版公司
广州·北京·上海·西安

图书在版编目（CIP）数据

小学心理辅导教师工作指南／《小学心理辅导教师
工作指南》编写组编 . —广州：世界图书出版广东有限公司，
2011.3（2024.2 重印）

ISBN 978－7－5100－3352－0

Ⅰ．①小… Ⅱ．①小… Ⅲ．①小学－教育心理学
Ⅳ．①G44

中国版本图书馆 CIP 数据核字（2011）第 036088 号

书　　　名　小学心理辅导教师工作指南
　　　　　　XIAO XUE XIN LI FU DAO JIAO SHI GONG ZUO ZHI NAN
编　　　者　《小学心理辅导教师工作指南》编写组
责任编辑　王　红
装帧设计　三棵树设计工作组
出版发行　世界图书出版有限公司　世界图书出版广东有限公司
地　　　址　广州市海珠区新港西路大江冲 25 号
邮　　　编　510300
电　　　话　020-84452179
网　　　址　http://www.gdst.com.cn
邮　　　箱　wpc_gdst@163.com
经　　　销　新华书店
印　　　刷　唐山富达印务有限公司
开　　　本　787mm×1092mm　1/16
印　　　张　12
字　　　数　160 千字
版　　　次　2011 年 3 月第 1 版　2024 年 2 月第 3 次印刷
国际书号　ISBN　978-7-5100-3352-0
定　　　价　59.80 元

"校园辅导员工作" 丛书编委会

主　编

王利群　　解放军装甲兵工程学院心理学教授
周作宇　　北京师范大学教授、教育学部部长

编　委

马世晔　　中华人民共和国教育部考试中心
殷小川　　首都体育学院心理教研室教授
肖海雁　　山西大同大学心理系主任，教授
李功毅　　《中国教育报》副总编
王增昌　　《中国教育报》高级编辑
张彦杰　　北京市教育考试院
魏　红　　北京师范大学教务处
刘永明　　北京师范大学继续教育与教师培训学院 副研究员
刘艳茹　　北京市顺义区教育研究考试中心，中学高级教师
刘维良　　北京教育学院教育学教授
杨树山　　中国教师研修网执行总编
张兴成　　西南大学（原西南师范大学）副教授
南秀全　　湖北黄冈特级教师
方　圆　　北京光辉书苑教育研究中心研究员

序　言

　　学生就像一颗小树苗，他的成长需要有人去全面周到地悉心照料。只有这样，才能挺拔健壮地向上生长。一个孩子如果在成长期间不加以扶植培养，就避免不了的会迷失方向、扭曲变形。所以，对学生，尤其是世界观、价值观并没有完全良好建立的青少年来说，是万万不能离开教师的辅导工作的。

　　辅导工作是教师针对学生出现的学习和生活中的问题所开展的干预和矫正工作。一个学生如果只有优异的成绩，但是思想、认知、生活能力和社会能力很差的话，他也不可能在这个社会上立足，至少不能称其为完善的人。现在的社会需要全面发展的人，我们教育的目的，也是要教育出高素质、高能力的人，所以，辅导员的角色尤其重要。

　　校园辅导员的工作主要分为心理辅导和学习辅导两大类。

　　心理辅导是指辅导员与受辅导学生之间建立一种具有咨询功能的融洽关系，以帮助学生正确认识自己，接纳自己，进而欣赏自己，并克服成长中的障碍，改变自己的不良意识和倾向，充分发挥个人潜能，迈向自我现实的过程。过去，心理辅导的工作一般由班主任来实行，现在由于教育改革的不断深入和教育思想的不断提升，许多学校还配置了专门的心理辅导室和专职的心理辅导教师。心理辅导工作逐步迈向科学化、系统化。

　　学习辅导是教师对学生学习方面实施的辅导，包括学习态度、学习能力和学习方法等内容。学习是学生平时在学校最主要的活动，同样是学校的重点任务。我们看到，学习辅导从过去的传授知识到现在的能力培养，有了一个很大的提升。所谓授之以鱼不如授之以渔，学生通过学习辅导，得到的是能力上的收获。同样，这个转变也是对教师的一个很大的考验。

为了帮助广大辅导员提高，我们特组织编写了"校园辅导员工作"系列丛书，旨在为辅导员提供一些理论知识，并解决他们在工作中遇到的问题，更好的开展辅导工作。本丛书包括：《小学心理辅导教师工作指南》《中学心理辅导教师工作指南》《如何进行中小学团体心理辅导》《教师如何帮助孩子走出厌学的误区》《教师如何帮助学生预防和矫治学习困难》《教师如何帮助孩子爱上学习》。其中前三本是心理辅导的内容，系统讲解中小学心理辅导，并将现在很热门的团体心理辅导单列成册，希望能对各位辅导员有所帮助。后三本是学习辅导的内容，主要就学生遇到的主要学习障碍与学习问题，进行讲解，使得辅导员的辅导工作能够更加有的放矢。

本丛书的特色主要是将理论与案例很好地结合在一起，使得知识理解起来没有那么枯燥，在内容上又能完全符合新课程改革的需要。本套丛书可以作为广大辅导员进行集中培训的教材，也可作为各位老师自行阅读的读物。

由于辅导工作仍处于不断发展中，再加上我们的视角有限，不可能全面概括和解决所有问题。所以在编写的过程中难免出现错误，我们希望广大教师、专家、学者在阅读中发现问题，及时告诉我们，我们将努力改正，不胜感谢。

前　言

　　本书是针对广大心理辅导教师设计的，将小学心理辅导知识科学地、系统地、通俗地展现在各位教师面前，使得教师阅读此书，可以有所收获，对工作有所帮助。现将本书的内容介绍如下。

　　第一章为心理辅导的概述性知识，其重点是将教师带入小学心理辅导的世界，让教师对心理辅导工作有一个清晰、全面的认识。随着中国教育事业的不断发展，小学的心理辅导工作变得日益重要起来，专职的辅导教师应运而生，他们需要专业的心理辅导知识武装自己，首先就要以全局的角度审视一下自己的心理辅导工作。

　　第二章为关于小学生的种种心理知识，其重点是让教师对自己要辅导的对象，也就是小学生群体有一个了解。小学生是辅导教师工作的主体，只有重视主体，深刻了解主体的特点，才能做到有的放矢，不会失去工作重心。这一章涵盖了儿童心理学、发展心理学等知识，所列特点都是以小学生的一般情况而定，辅导教师可以作为参考，但同样不能忽略小学生的个体差异，要做到具体问题具体分析。

　　第三章为小学心理辅导所涵盖的范围，其重点是让教师对自己平时的工作内容有一个了解。小学心理辅导的内容主要有情绪情感辅导、学习心理辅导、人际交往辅导、休闲心理辅导、自我意识辅导和生涯辅导这六方面。这些工作内容全部是在第二章的基础上得出的，凸显了小学生主要的心理困扰和各种心理需求。

　　第四章为小学团体心理辅导的相关知识，其重点是让教师最终掌握小学团体心理辅导。小学团体心理辅导并不是凭空产生的，它是经过前辈不断探索，日趋走向成熟的。我国的小学团体心理辅导更为稚嫩些，但是已经显现了它的优势，相信它在以后的心理辅导领域中能够占据更大的空间，发挥更大的作用。辅导教师必须掌握团体心理辅导的知识和方法。

第五章为小学个别心理辅导的相关知识，其重点是让教师把控个别心理辅导的每个环节。相对于团体心理辅导，个别心理辅导是针对小学生个体进行的辅导，两种方式各具特点，相互补充，缺一不可。个别心理辅导是展现辅导教师能力的一个窗口，要求教师掌握心理咨询与心理治疗的各项技术。

第六章主要为小学生常见的心理问题的辅导方法。小学生中常见的心理问题有强迫症、交往障碍、多动症、嫉妒心理、厌学心理、逆反心理和抑郁心理等问题，这些心理问题已经脱离了简单的心理困扰的层面，上升到了心理障碍的高度，干扰了小学生正常的学习与生活，他们需要辅导教师的帮助，好尽快回到正轨。

附录为某校针对小学生进行的一次调查研究，该研究计划明确，过程清晰，具有代表性，对于辅导教师开展相关调查有借鉴作用。

Contents 目录

第一章　小学心理辅导概述

　　在进行具体的心理辅导工作之前，辅导教师需要形成一个基本的概念，那就是何为小学心理辅导，小学心理辅导都要做些什么，怎样才能做好小学心理辅导工作。当有了这样一个概念，教师就不会迷失方向，工作会变得井井有条。本章主要为广大心理辅导教师介绍小学心理辅导的概述性知识，内容包括心理辅导的含义与特点、心理辅导的特殊性、心理辅导的步骤与内容和心理辅导教师的工作要求。

第一节 小学心理辅导含义和特点

一、小学心理辅导的含义

罗杰斯认为："心理辅导是一个过程，其间辅导者与当事人的关系能给予后者一种安全感，使其可以从容地开放自己，甚至可以正视自己过去曾否定的经验，然后把那些经验融合于已经转变了的自己，作出统合。"

张春兴认为："辅导是一个教育的历程，在辅导历程中，受过专业训练的辅导人员，运用其专业知识和技能，协助受辅导者了解自己、认识世界，根据其自身条件（如能力、兴趣、经验、需求等），建立有益于个人和社会的生活目标，并使之在教育、职业及人际关系等各方面的发展上，能充分展现其性向，从而获得最佳的生活适应。"

林孟平认为："辅导是一个过程，在这个过程当中，一位受过专业训练的辅导员，致力于与当事人建立一个具治疗功能的关系，来协助对方认识自己、接纳自己，进而欣赏自己，以至可以克服成长的障碍，充分发挥个人的潜能，使人生有统合、丰富的发展，迈向自我实现。"

综上，我们可以得出结论：

小学心理辅导是专职或兼职的心理辅导人员，依据小学生身心发展的规律和特点，运用心理学、教育学、医学等相关学科的专业知识和专门技能为小学生健康心理的形成和发展提供其所需要的帮助和指导的过程。它的直接目标是提高全体学生的心理素质，最终目标是促进学生人格的健全发展。

二、小学心理辅导的特点

小学心理辅导有以下的一些特点：

（一）辅导目标是小学生

小学心理辅导主要面向全体小学生。辅导教师所要辅导的学生主要为两类，一类是身心发育正常的小学生，以提高其心理素质，促进其心理健康发展为目的，展开心理辅导工作；另一类是存在轻度心理疾病或心理障碍的小学生，运用专业的心理咨询或心理治疗技术，改善其心理环境，恢复正常的情绪或行为，最终达到心理健康。

在这里，需要说明的是，对于存在严重心理疾患的小学生，辅导教师应视自身的专业水平来处理。若是学生的问题超出辅导教师的能力范围，应及时将其送往专业心理治疗机构，以免延误病情。

（二）辅导以体现指导性

小学心理辅导的过程，是专业的心理辅导教师依据小学生身心发展的规律和特点，运用心理学及相关学科的专业知识和专门技能，为小学生的心理健康提供其所需要的帮助和指导的过程。尽管在小学心理辅导的过程中，也要适当介绍和普及有关心理健康的基本知识，但重点不在于学科理论的系统讲授，就是说，不能把小学心理辅导作为一门学科理论的知识体系来讲授。

（三）新型的教育关系

小学心理辅导是一种辅导教师与被辅导学生之间的合作关系，体现了平等、互动等特点。尽管在心理辅导的过程中，也要体现教育性的原则，但辅导教师与被辅导学生之间并非传统的教育者与被教育者之间的关系，更不是医生与患者之间的关系。因而在小学心理辅导过程中，辅导教师一般不提批评意见，不单纯地进行说教，不主观地为学生出主意，更不能把自己的观点、看法和意见强加于人，而只能通过平等的、民主的、讨论的方式帮助、鼓励、启发和引导小学生面对现实，自己思考，自己去分析问题、认识问题和解决问题，任何包办代替的做法都是不可取的。

三、心理辅导与心理治疗、心理咨询的关系

心理治疗迄今为止还没有公认的定义，一般认为它是以心理学的原则和技巧，通过言语、表情、态度、姿势、行为以及周围环境的作用矫治心理疾病，目的是改善病人的不良心态和适应方式，解除其症状与痛苦，促进其人格成熟。沃伯格认为，心理治疗是针对情绪问题的一种治疗方法，是由一位经过专门训练的人员，以慎重的态度，与病人建立起一种职业上的关系，用以消除、矫正或缓解病人所存在的症状，调整异常行为模式，以促进病人的人格积极地成长和发展。

通过心理治疗的定义，我们可以看出心理治疗与心理辅导的不同。心理治疗的对象是有比较严重的心理疾病的人，治疗者是受过心理学和医学专业训练的临床心理学工作者，采用医学的模式，使用包括以多种心理学理论和医学理论为基础的技术和方法，主要任务是矫治与重建，是如何帮助治疗对象从一个精神失常的人转变为一个精神正常的人。心理辅导的对象是健康心理的学生和轻度心理疾病或心理障碍的学生，辅导教师是拥有学校心理学、心理发展学等基础知识的教师，辅导过程中帮助学生、关爱学生。

心理咨询是指应用心理学理论指导人们生活实践，帮助个人在生活的各个领域实现其最大的潜能。著名的心理学家泰勒曾指出："咨询是一种从心理上帮助的活动，它集中于自我同一感的成长及按照个人意愿进行选择和作出行动的问题。"心理学家帕特森说得更清楚："咨询是一种人际关系，在这种关系中咨询人员提供一定的心理气氛或条件，使咨询对象发生变化，做出选择，解决自己的问题，并且形成一个有责任感的独立个性，从而成为更好的人和更好的社会成员。"因此，心理咨询的对象是有轻度或中度心理问题特别是心理适应问题的正常人，工作重点是诊断和干预，主要采取个别对待的方式，帮助来访者发现问题、解决问题，克服成长中的障碍，最终达到自我完善。

通过以上的说明，我们可以知道心理咨询是病人亲自咨询，咨询人员接受其信息并作出反馈的过程。心理辅导的工作范围比心理咨询要广泛很

多，辅导教师不仅要处理上门咨询的小学生，更要"主动出击"，根据小学生的发展特点主动开展辅导活动。

四、心理辅导与德育的区别

德育是教师按照一定社会或阶级的要求，有目的、有计划地对学生施加影响，以培养学生思想意识和道德品质的活动。在我国，德育是学校全面发展教育的重要组成部分，包括政治教育、思想教育与道德规范教育。小学心理辅导与德育工作因其对象都是学生，基本职能都是"育人"，故将两者结合起来进行既是可行的，也是可取的。不过，这种结合既不是用原有德育方法去解决一切心理问题，也不是要用心理辅导取代德育工作，而是要充分发挥两者在统一育人活动中的独特作用。为此，首先要明确心理辅导与德育工作各自的独特之点或它们的不同之处。

（一）学生观的不同

心理辅导与德育工作都是针对学生的。德育工作者往往把学生当作塑造对象，把自己视为"美好心灵的塑造者"；辅导教师则把学生视为有着自身需要的"当事人"，把自己看作从旁提供帮助的服务者、协助者。在师生关系上，德育工作中的教师是学生心中的权威；辅导教师则更像是学生的"参谋"、朋友，甚至是他的"同伙"。

德育工作者更多地持"评价性学生观"；辅导教师则更多地持"移情性学生观"强调要给予学生尊重、理解、支持和信任，并运用同感，设想学生的处境和感受。当然，设身处地地从学生角度出发考虑问题，并不意味着辅导教师要遵从学生的一切思想和行为，当学生的思想或行为出现偏差时，辅导教师还是要进行矫正。

（二）内容不同

心理辅导与德育工作的内容存在交叉关系。除了共同的部分外，各自都还有一些对方包含不了的东西。如学习辅导、生涯辅导中就有一些内容不属德育工作的范围。德育工作一般也不处理和解决诸如强迫症、多动症等纯属于心理卫生方面的问题。反过来，心理辅导一般不直接解决、也不能直接解决政治观点、立场问题，而解决这些问题正是德育（政治教育）

工作的主要内容。

心理辅导与德育的内容不是截然分开的。在狭义的道德教育方面，在一些基本道德规范包括社会公德的教育上，在确立人生观、寻找人生意义等方面，存在着心理辅导与德育共同关心的一些问题。

（三）目的不同

小学心理辅导与德育工作的总目标是一致的。在我国来说，它们都是为四化建设培养全面发展的"四有"人才。在具体目标上它们又有差异。

德育工作重视按社会要求规范个人行为；心理辅导除了注意学生行为符合社会规范外，还特别关注学生求善、向上的自主追求，重视个人心理稳定与主观感受，重视自我意识的完善、个人潜能的充分发挥。这两方面并不是根本对立的。因为一个人越是自觉地认识到社会及其发展对自己的要求，他的潜能和优越之处越是有可能得到充分地展现。

德育工作侧重把学生放在社会关系层面上去考察和培养，要求学生按照他现在所承担的与未来将要承担的社会角色去行动；心理辅导侧重把学生放到人际关系层面上去考虑，要求学生作为一个普通的社会成员，同周围环境、同一个个具体的个人保持心理上的适应。

德育工作致力于解决学生的社会倾向问题，解决学生的政治方向、思想倾向问题，解决高层次的社会定向问题；心理辅导则要解决学生心理成熟不成熟、健康不健康问题，并通过促进学生心理成熟，发展学生判断能力、选择能力，为学生确立正确的生活方向和崇高的理想追求准备心理基础。

（四）原则不同

心理辅导与德育工作在应遵循的原则上也有所不同。举例来说，思想政治工作者有明确的价值倾向，往往要求旗帜鲜明；而心理辅导人员不代替当事人作价值判断。这样做不是不管价值取向，而是通过帮助学生理清事实，澄清其价值观念体系中的矛盾，培养其抉择能力，由学生自己作合理的判断。思想政治工作强调要激化矛盾，展开思想斗争；心理辅导有时却可以采取引导宣泄、缓解心理紧张与冲突的做法。思想工作中鼓励学生有勇气公开承认错误；心理辅导却强调要为被辅导学生严格保守秘密，以维护被辅导学生的自尊。德育要求学生面对现实；心理辅导在特殊情况下却允许采用心理防卫机制暂时地"回避现实"，减轻心理压力，目的是使学生渡过难关，不至于精神崩溃，以便积蓄力量，从而更有效地解决现实问题。这些处置问题的不同原则似乎矛盾，但由于它们适用于解决不同性质的问题，或适用于解决问题的不同阶段，因而不一定构成冲突。如心理辅导虽有时允许被辅导学生暂时地"回避现实"，但最终还是要引导当事人面对现实，承担对现实的责任。因此，从本质上说，心理辅导与德育工作是可以互补的。

（五）方法不同

德育工作方法很多，伦理谈话、说服宣传、批评表扬、提供榜样、实践锻炼等都是经常采用的方法。心理辅导的方法有个别心理辅导和团体心理辅导等，其中有许多方法是德育工作中很少采用的。

第二节　小学心理辅导的步骤与内容

一、小学心理辅导的步骤

小学心理辅导有其严格的工作步骤，具体为开展心理调查、建立学生心理档案、制订心理辅导计划、进行心理辅导工作、做好个案研究、心理辅导评估几项。

（一）开展心理调查

心理调查是开展心理辅导活动的基础，是掌握小学生基本信息和一般问题的重要途径。一般采用问卷调查法等方式收集学生的个案资料，调查内容大致包含：身份资料、个人情况、学校情况、青春期发育情况、心理健康状况等。

在完成问卷调查后，要进行以下几种心理测试：智力测试、人格测试、心理健康测试、学习适应性测试。在问卷调查和心理测试的基础上，再对学生进行个别心理检查，对可疑者再进行特殊心理测试，如焦虑、抑郁测试等，结合随访观察、复查，以了解学生的特殊心理问题，并纠正和补充量表测定的不足和偏差。

学生资料占有的越详细，越全面，越能把控后面的工作环节，辅导教师要牢记。

（二）建立学生心理档案

完成心理调查并占有资料后，辅导教师要及时分析这些学生的心理资料，从而为制订心理辅导计划提供依据。学生心理档案的主要内容：个人简要履历、家庭成员情况、人格特征、心理健康状况、智力发展情况、非智力发展情况、职业兴趣、其他（包括学习兴趣、学习态度、学习方法等）以及每次心理辅导的跟踪记录和教师的建议。

（三）制订心理辅导计划

心理档案建立后，根据全面情况及个别调查的特殊情况，就要着手制订心理辅导计划。计划可以是一星期，一个月或一个学期，视具体情况而定。计划的制订，一要有针对性，二要符合学生心理发展规律，三要逐项落实，并及时调整。

（四）进行心理辅导工作

心理辅导教师要根据计划，通过团体心理辅导和个别心理辅导两种方式，对学生成长中遇到的问题给予直接或间接的指导帮助。在心理辅导中要注意做好心理咨询工作，着重解决小学生中存在的心理偏差问题。同时注意对确有严重心理疾病的学生，要及时与专业的医疗机构取得联系，以便早介入，早诊断，早治疗，早康复。

（五）做好个案研究

个案研究主要是针对个别学生的比较特殊的问题来进行研究，以帮助学生自己解决自己的问题，达到因人施教的目的。个案研究的主要对象是性格孤僻、情绪反常的学生，品行不端、行为偏常的学生，智力落后、学习成绩不佳的学生，有特长的学生或特殊家庭的学生等。个案研究一般包括确定个案研究对象、收集相关资料、分析诊断、提出处理问题的方法、写出研究报告、追踪研究等环节。

（六）心理辅导评估

心理辅导评估是按照心理辅导的目的和要求，采用一定的手段对心理辅导工作或学生的心理素质进行调查、总结和评定工作。心理辅导评估体系包括两大方面：一是对心理辅导工作的评估，即对管理措施、结果的评估；二是对心理辅导工作效果和学生心理发展水平的评估。通过评估要达到总结经验、改进工作的目的。

秉承实事求是的原则，以上所说的心理辅导步骤并不是固定的。小学心理辅导的工作实践表明，组织结构固然很重要，但能否发挥作用的关键，是人的观念和认识，其次才是与之对应的制度。

因此，在践行以上的工作步骤时，辅导教师必须同时考虑到三点：①要确立正确的心理辅导观；②要不断提高自身的专业素质水平；③要建立科学的心理辅导计划和工作制度。只有将这几方面的工作与建立健全组织机构有机地结合起来，工作步骤才能发挥它应有的保障作用。

二、小学心理辅导的内容

（一）情绪情感辅导

这一类心理辅导主要是针对小学生的情绪情感，主要内容是帮助小学生建立正确的情绪观和情感观，学会调节自己的心态，克服悲观、怯懦、抑郁、紧张等消极否定的情绪情感，经常性地保持舒畅、喜悦、乐观、自信等积极肯定的情绪情感，形成良好的意志品质，保持生动活泼、蓬勃奋发的良好心态，对其身心健康成长和未来发展具有十分重要而又深远的意义。其中情绪情感的辅导尤其要重视移情体验的辅导，注意引导小学生设身处地、将心比心，去体验他人的欢乐和痛苦，以培养小学生的同情心和正义感，激发自觉的意志行动。

（二）学习心理辅导

学习是小学生的主要任务，也是小学生心理社会化的主要途径，乐于学习是小学生心理健康的重要标志之一。小学生通过学习获得知识，增长本领，取得优异的学习成绩，受到家长和教师的赞许，受到同学的好评，能够体验到成功的喜悦，激发强烈的学习兴趣和求知欲，同时在学习中也会遇到困难和挫折，体验到失败的痛苦，经受意志力的磨炼和考验。学习上的成功能增强信心，多次失败也能丧失信心。

学习心理辅导的目的在于引导小学生通过积极主动的探讨，进而明确学习目的，端正学习态度，树立正确的学习动机，掌握科学有效的学习方法，养成良好的学习习惯，正确对待学习中的困难和挫折，帮助小学生获得成功，体验成功的喜悦，从而形成坚定的学习信念和旺盛的进取精神。

（三）人际交往辅导

人际交往辅导就是运用有关心理辅导的理论、技术和手段，指导和训练学生的人际交往过程和人际交往活动，以此改善学生的人际关系，增进学生的人际互动，提高他们的社会适应能力。人际交往辅导的直接目标是帮助学生克服人际交往中的障碍，发展积极的人际关系，为学生的健康成长提供良好的社会环境和心理氛围。其最终目标，则是通过训练学生掌握人际交往的正确态度、行为、技能和技巧，促进学生的社会化进程，使学生的人格健全发展。

（四）休闲心理辅导

休闲的作用至少有三点：松弛身心、满足爱好、获得成长。现在的心理辅导又把休闲作为自我了解、自我发现和自我发展的一种手段。因此，做好学生的休闲心理辅导意义很大。以往的学校教育都很忽视这方面的内容，辅导教师需要在今后的工作中重视对小学生的休闲心理辅导。

休闲心理辅导的主要内容是帮助学生确立正确的休闲观念和休闲态度，掌握必备的休闲知识与休闲技能，学会合理选择和安排各种有益的休闲活动方式，获得充实而丰富的休闲生活，进一步发展自己的才能与个性。

（五）自我意识辅导

自我意识辅导是根据自我意识的结构及其有关理论，帮助学生形成积极的自我意识品质。积极的自我意识品质包括以下方面。

1. 自我认识全面而客观。既能看到自己的优点，也能看到自己的不足。

2. 悦纳自我，即能欣赏和接纳自己。不仅接纳自己的优点和长处，也能接纳自己的缺点和不足，并且在整体上喜欢自己，对自己充满信心。

3. 开放的自我结构。当经验改变时，自我意识结构在保持相对稳定的同时，能够吸纳新经验，调整自我意识的内容，使自我意识始终能够与经验保持一致和协调。

4. 理想自我与现实自我基本一致。

（六）生涯辅导

生涯辅导是通过系统的辅导方案，辅导教师帮助小学生增加对自我、有关职业、生活风格、劳动市场趋势与就业能力技巧、生涯决定技巧等知识，并透过对工作、家庭、休闲与社区角色的整合，帮助个人获得自我实现。

生涯辅导起源于1908年帕森斯的波士顿职业辅导局的活动，在日本称为出路指导，在中国称为升学与就业指导，着重于帮助学生选择、准备、安置职业，取得职业的成功。1970年后，重心转为自我了解、自我接受和自我发展的生涯辅导，着眼于个人的生涯发展和自我实现。

第三节　小学心理辅导教师的工作要求

一、掌握专业的知识

　　小学心理辅导是一项专业性很强的工作，其专业性表现在，它以系统的心理学知识为理论依据，以心理学应用技术为工作手段，以心理辅导实践为适应条件。不具备上述条件的教师很难胜任这项工作。根据大量的实践经验，小学心理辅导教师除了必备的普通心理学、教育学、医学常识以外，必须根据小学生的特点，掌握相关的教育学、心理学、生理学等专业知识，具体的可概括为以下几个方面。

　　（一）儿童心理学

　　这一类知识主要包括以下几方面：

　　1. 涉及儿童个体发展的发展心理学、个性心理学、情绪心理学、教育心理学、社会心理学等。

　　2. 涉及儿童发展的心理卫生、心理诊断、变态心理学等。

　　3. 比较全面的心理辅导理论和初步的心理咨询、心理治疗理论。

　　（二）儿童生理学

　　这一类知识主要包括以下几个方面：

　　1. 涉及儿童发展的生理解剖方面的知识。

　　2. 涉及儿童生长发育和卫生保健的知识。

　　3. 涉及儿童营养卫生及常见疾病预防和康复的知识等。

　　（三）儿童教育学

　　这一类知识主要包括：

1. 涉及促进儿童自主教育管理的方法。

2. 涉及促进儿童学习发展的方法。

3. 营造儿童成长发展环境的方法等。

二、具备专业的能力

为了胜任小学心理辅导的工作任务，心理辅导教师不仅要具备基本的教育教学能力，还必须具备开展心理辅导工作的相关专业能力与技能。从心理辅导教师所承担的工作任务看，必须具备的工作能力主要有以下几方面：

（一）交往能力

良好师生关系的建立是为学生提供专业帮助的前提条件。这里所强调的是与不同类型学生的正常交往与充分沟通，同那些学习努力、成绩优异的学生建立良好关系，对于大多数教师而言并非难事，而同那些有问题行为、学习成绩较差、同教师的关系不够融洽的学生进行正常交往，建立彼此信任的和谐关系，就不是一件容易的事情了。要做到这一点，心理辅导教师既需要表达尊重、平等、真诚、无条件积极关注等积极态度，又需要掌握正确的沟通方式与技巧。

（二）诊断心理问题的能力

在小学生的成长发展过程中，出现一些心理上的矛盾、困惑、失衡、失控等问题是常有的事情，其中少数人也可能出现一些比较明显的心理问题或障碍，这就要求辅导教师能够及时作出初步的诊断和鉴别，以便适时采取相应对策，防止问题恶化或者导致严重后果。在这方面，虽然不要求心理辅导教师必须达到专业咨询师的水平，但从建立、完善小学心理服务系统的要求看，对学生常见心理问题的一般诊断标准必须有所了解。比如，对一般心理问题、严重心理问题和神经症性心理问题的诊断标准，各种问题行为和行为障碍的诊断标准，精神病及精神分裂症的初步诊断标准等，都是应该了解和掌握的。

（三）运用团体辅导的能力

近年来在辅导实践过程中发现，团体辅导活动在组织与实施中存在许多问题，如：目标定位不够准确、过分重视表面形式、沟通方式过于单一、教师临场应变能力较差等。其原因主要是团体辅导活动的组织与实施具有很强的专业性，其中许多原则与方法同传统的班级或团队活动有很大的差别。心理辅导教师要增强这方面能力，不仅应在实践中逐步积累经验，还必须通过加强专业指导，逐步提高自身的专业素质。

（四）掌握个别辅导的能力

小学生成长中发生的心理问题，必须采用心理辅导和咨询的原理与方法，才能做到对症下药。这就要求心理辅导教师一定要了解并掌握一些心理咨询的原理和方法，并能把它们运用到日常的辅导工作之中。比如心理咨询中的交友、共情、倾听、支持、引导、助人自助等原理与方法，都能够帮助教师改进工作方式，增强沟通能力，改善师生关系，取得理想教育效果。

（五）影响他人的能力

小学中的心理辅导教师经常会遇到这样的问题，即学生的心理问题是源于家长或某位教师不正确的教育行为，要想改变学生的处境，就要改变相关人员的错误观念及不当行为。此时，辅导教师的沟通与协调能力就会成为解决问题的关键。另一方面，辅导教师要想较好地发挥这种协调作用，一定要有一定的人格魅力和专业威望。只有具备了这两个条件，才能同科任教师和家长建立良好的人际关系，取得他们的信任，才能充分发挥其专业影响力。

三、秉承专业的态度

学生心理辅导工作的顺利开展依赖于一种特殊的人际关系，即教师与学生之间充满平等、理解、尊重、信任的关系，这种关系非常利于学生成长。要建立这样的人际关系需要心理辅导教师对学生采取以下一些态度。

（一）尊重的态度

所谓尊重的态度，是指在学生心理辅导过程中，辅导教师应把每个学生作为有思想感情、内心体验、生活追求和独特性与自主性的人去对待，不能把学生当作等待处理的有问题标签的患者。尊重学生的意义在于能给学生创造一个安全、温暖的氛围，使学生能最大限度地开放自己；可以唤起学生的自尊、自信，使学生获得高的自我价值感。尊重学生体现为对学生现状、价值观、人格和权益的无条件的接纳、关注和爱护。

（二）热情的态度

所谓热情的态度，是指在学生心理辅导过程中，辅导教师应以热情、周到、友好的态度对待学生，不能冷言冷语对待学生。心理辅导工作是教师与学生之间的互动过程，辅导教师的热情能感染学生，使学生更加积极地投入到辅导活动中，从而提高辅导效果。相反，辅导教师缺乏热情会使心理辅导变成一种冷冰冰的工作，枯燥无聊，致使辅导效果大受影响。

在个别心理辅导的开始，辅导教师要通过关切的询问以消除学生的不安心理。在团体心理辅导的开始，辅导教师要通过一系列热身活动使大家的情绪兴奋起来，使所有学生怀着饱满的热情投入到辅导活动中。在辅导过程中，辅导教师要一直保持关注学生，积极倾听，不厌其烦。在辅导结束时，辅导教师应感谢学生们的积极参与，告知有关事项，并与学生道别。

（三）真诚的态度

所谓真诚的态度，是指在学生心理辅导的过程中，辅导老师应以"真正的我"出现，没有防御式武装，不带假面具，不是例行公事，而是表里一致、真实可信地置身于学生之中。辅导教师的真诚可以起到榜样的作用，可以为学生提供安全自由的气氛，学生可以因此受到鼓励，坦然地表达自己，从而使辅导在更深的层次上进行。可以说，辅导教师的真诚是打开学生紧闭的心灵大门的钥匙。

在心理辅导过程中表达真诚应注意：真诚不等于完全说实话，心理辅导教师表达真诚应遵循一个基本原则，即对学生负责，有助于学生成长；真诚不是自我发泄，辅导中一些学生的事迹可能勾起辅导教师的伤心往事，但辅导教师不可在此时处理自己的情感问题，因为辅导是为学生服务的；真诚应该实事求是，当自己在某个方面欠缺时，要承认自己的不足，这样做可以为学生树立全面接纳自己的好榜样，也易使学生觉得辅导教师可以亲近。

真诚建立在自尊、自信上，也建立在积极的人性观基础之上。缺乏基本自信和对人不够信任的人，是无法做到的。

（四）共情的态度

共情的态度，指在学生心理辅导过程中，心理辅导教师不要先急着帮助学生解决问题，而是应先设身处地地去体验学生的情感、思维，理解学生的体验与其经历和人格之间的联系，并把自己的积极的共情传递给对方，以影响对方并取得反馈。这在心理学上叫做"共情"。共情使辅导教师能更准确地把握学生的心理状况，从而提高心理辅导的针对性与效果，使学生感到自己被理解和接纳，感到愉快和满足，从而更容易信任辅导教师，更容易接受辅导。

心理辅导教师缺乏共情会使心理辅导出现障碍。首先，教师对学生的问题缺乏共情会让学生觉得自己不被理解和关心，会感到失望，因而减少甚至停止自我表达，使心理辅导缺乏针对性且无法深入进行。其次，辅导教师缺乏共情时容易直接批评甚至指责学生，会使学生受到伤害，使辅导适得其反。因此，共情是影响心理辅导效果的最关键的因素。

（五）积极关注的态度

积极关注的态度，是指在心理辅导过程中，辅导教师对学生言语和行为的积极面应给予关注，从而使学生拥有更加正向的自我价值。每个人都有被别人认可、赞同的需要，辅导教师对学生的积极关注可以引起学生愉快的情绪体验，使学生更愿意与辅导教师沟通，从而加速良好辅导关系的形成。更为重要的是，积极关注本身就有很显著的助人效果，它能使学生看到自己的长处、希望，从而消除迷茫，树立自信。

积极关注的基础是人本主义的人性观，即抱有以下基本信念：每个学生都有潜力存在，都有自己的长处和优点，都存在积极向上的成长动力，在心理辅导的帮助和自己的努力下，都可以比现在更好。

积极关注应建立在学生的客观实际基础上，不能无中生有，盲目地、空洞地给学生讲"我发现你身上有好多优点，有很多才能，你的前途肯定是光明的"，这会使学生觉得辅导教师在用虚言安慰自己，起不到任何作用，甚至会起反作用。这就要求心理辅导教师要做到细心，善于发现学生的优点和长处，并给予适当的肯定与鼓励。

（六）中立的态度

所谓中立的态度，指在学生心理辅导过程中，心理辅导老师重要的不是对学生的行为进行是非的认定，而是应理解学生的心情并力求接纳其行为的动机。心理辅导教师要站在学生一方来考虑问题和说话，采取非审判的态度，避免进行道德的判断，避免批评、抨击、警告等违背心理咨询中立原则的表现和行为。

如对考试作弊、成绩不良的学生进行辅导，不应一见面就严加训斥，而是去理解他行为背后的原因以及事发后的心情，帮助他想出解决问题的根本方法。

第二章　探寻小学生的内心世界

　　小学心理辅导确定了小学生为教师的辅导对象，所以，教师就要对小学生进行深入的了解。小学生的心理具备不成熟不稳定的特点，同时又是不断发展的，相较于成人，更难把控。辅导教师就更要认真学习，把难点变成可掌握的点，有助于工作进行。本章主要为广大心理辅导教师介绍小学生的内心世界，内容包括心理健康标准的模式、小学生心理健康概况、影响小学生心理的因素、小学生的身心理发展特点和小学生心理发展的主要矛盾。

第一节　心理健康标准的已有模式

经过前人的不断探索，总结出以下几种心理健康标准的模式。

一、临床的模式

正如咳嗽、发烧、咽痛、流涕等是感冒的典型症状一样，心理不健康的人，也会有一些异常的临床表现，如失眠、紧张、注意力不集中、强迫行为等等，从医学的观点出发，由临床医生运用专业知识和经验，根据当事人是否出现了某些异常症状来判断其心理健康状况，便是临床的模式。"没有症状便是健康。"此模式看似简便、客观，却存在如下一些问题：

1. 当这些异常症状出现时，当事人的心理健康已经受到比较严重的损害，虽然还可以采用心理咨询、心理治疗等方法来帮助当事人改善，但毕竟已属于被动、消极的做法。

2. 心理不健康的人，不一定非表现出异常症状不可，也就是说，没有异常症状，并不代表他的心理一定健康。很多情况下，不健康的心态可能是以潜在的方式隐藏着的，要通过某种诱因才能发作和表现。

3. 症状和病因不是一对一的关系。同一症状可以由不同种类的心理异常引起，而同一种心理异常也可通过不同的症状来表现，只注意症状不注重病因是不够的。

二、功能的模式

以当事人对自己的感受和体验以及是否影响其生活、学习、工作来界定心理健康与否，若当事人自觉满意、幸福、愉快，乐于生活与工作，就是心理健康的标志，如果觉得忧郁、痛苦、焦虑或不能自我控制某些思想和行为，不能处理日常生活问题，功能失常，则是心理不健康的表现。

这种模式可以用于基本正常的人群，包括不很严重的心理疾病患者，但对严重的精神病人却不适用，因为他们通常坚决否认自己有病，甚至自我感觉很好，还有吸毒者，他们只有在海洛因的作用下才自觉欣快，能够从事日常的活动，一旦缺少毒品，便痛苦不堪，产生强烈的身心戒断反应，无法做任何事。

三、统计学模式

根据统计学上正态分布的理论，人的心理特征一旦偏离人群的平均水平即为不正常，亦即健康是根据个体在人群中的位置来确定的，平均水平就是健康。统计的模式常和心理测验联系在一起使用，具有客观、简便、操作性强、可量化等优点，在实践中应用较广，但这种模式存在过于机械、过于绝对化的问题：

一是并非所有的心理特征都完全符合正态分布，有的心理特征即使理论上符合正态分布，但实际操作当中，却可能呈现一些偏态，如智力的分布，理论上智力超常和智力落后的比率应当完全相等，但实际测量结果却是智力落后的比率略高于智力超常。

第二个问题是，偏离常态的并不都是有问题的，上述显著高于智力平均水平的智力超常就是智力极端健康发展的标志，而对焦虑来说，低于平均水平的反而是情绪状态良好的表现。另外，从正态分布曲线图上可以看出，健康与不健康、正常与不正常之间并没有明显的分界线，除了极端健康与不健康之外，我们很难将一种水平与另一种水平（尤其是临界线附近）区分开来。

四、社会适应模式

在谈到心理健康的时候，很多学者认为：适应即是健康。如美国的柯尔曼认为，判定一个人是否健康要看他的行为是否与所属的环境相协调，也就是说，一个人如能适应周围的环境，其心理就是健康的，反之，则不健康。世界卫生组织也将"健康"定义为：不但没有身体的缺陷与疾病，还要有良好的社会适应能力和完整的身心状态。可见，用社会适应作为心理健康的标准是广泛存在着的。

对此模式人们存在较大争议。

第一，适应与不适应之间本无客观的标准，因此易受评价者的主观影响，不同的人从不同的角度出发来评价同一个人的行为就可能会有不同的结果，如教师一般认为说谎、逃学、不按时完成作业等是儿童适应不良的表现，而心理学家则认为焦虑、紧张、抑郁、孤独等才是适应不良的表现。

第二，社会环境本身是否正常？在极端的情况下，可能一个社会中占主导地位的社会生活条件本身就是异常的、压抑人性的，在此条件下大多数人都可能不能顺其本性发展，结果出现多数人心理不健全的情况，出现大量"适应良好的奴隶"。

第三，某些创造人才由于他们所从事的创造活动超越了所处的时代和社会，因而往往不为当时社会所接纳，甚至受到社会的排斥与迫害，但这并不能成为他们心理不健康的理由。

五、社会规范模式

社会规范模式是以人的行为是否符合社会的行为规范、道德准则以及价值观念来判断心理健康的。合乎某一社会水准，为社会所认可和接受的行为就是正常的行为，否则便为异常的行为。比如贝姆提出：心理健康就是合乎某一水准的社会行为，一方面能为社会所接受，另一方面能为自身带来快乐。

这一模式简单、明确，符合大多数人，但仍有许多局限。

首先，社会规范本身不明确。社会规范往往是大多数人的行为，而大多数人的行为并不一定是健康的行为，如现在很多人"拾金而昧"，我们不能说那少数几个"拾金不昧"的人是傻子，是神经不正常的人。

其次，社会规范的内容随社会发展和时间变化而不同。不同社会，不同种族，不同文化背景，其行为准则和社会要求都可能不同，即使是同一文化背景，由于阶层不同、年龄不同、性别不同，也会导致社会行为规范要求的不同，而且随着时代的发展与进步，社会规范的内容也在不断地发生变革。因此，某些行为在某一特定的时间内，对于某一种特定的文化背景而言可能是正常的、健康的行为，而在另一个时间或另一种文化背景下，就可能是不健康的表现，反之亦然。比如祝英台与梁山伯生死相恋、化身为蝶的爱情故事在中国被当成千古绝唱，西方人却可能把她看作扮异性癖倾向。

第三，有心理问题的人的行为必然背离社会规范的要求，但背离社会规范的行为并不都是心理异常。"五四"运动时，青年女学生剪掉长辫留短发，放天足，就与当时的习俗格格不入，但却是非常勇敢、健康的行动。

六、成长模式

以人本主义心理学家马斯洛和罗杰斯为代表的成长模式认为，心理健康是指有足够的自信心与安全感，能有意识地把握、控制自己的行为，能充分利用和发挥个人的潜能去获得成功，并具有高创造性。这是一种理想的心理健康模式，只适用于少数"自我实现"的精英，对一般人的心理健康水平则较难确定，因此，适用范围较小。

心理健康既是个人的问题，也是群体和社会的问题，上述六种模式或者从病理的角度，或者从极端健康的角度，更多的是从人群平均水平出发，描述了心理健康的内涵和特征，虽然各自都存在不足，但仍然为我们正确认识和理解心理健康提供了有益的参考。综合以上观点，我们认为，心理健康应当是一种完好的状态，是积极的社会适应。即心理健康不仅仅是没有精神疾病，还要能充分挖掘自身潜力，施展自身才能，积极面对和解除生活中的种种压力与不幸，能动适应并改造周围环境，努力追求富有成果的、满意的、有价值的创造生活，为整个社会做出贡献。

第二节　小学生的心理健康概况

一、小学生的心理健康现状

上海市精神卫生中心唐慧琴、忻仁娥的研究得出：我国小学生各类行为问题的总检出率为 12.93% ±2.19%。专家认为小学生的心理卫生问题主要表现在学习、情绪、行为等方面，小学生在学习方面存在问题的人数约为 10% ~15%，情绪方面问题约在 10% ~20% 之间等等，低于国内外文献中所估出的小学生心理健康问题的比例，但每个研究所采用的测量工具不尽一致，或者说每个研究对心理健康问题的评价标准不同。但仍可得出两点结论：

（一）对于大多数的小学生而言，心理发展总体还是较健康的。

（二）小学生中的心理问题还是普遍存在的。

二、小学生心理健康的具体标准

小学生的心理尚处于发展之中，更需要广大教师和家长的关注。在小学阶段，学生的心理若得到良好发展，健康向上，符合成长规律，则会对他的一生产生积极影响，为今后奠定坚实基础。相反，学生的一生将会受到消极影响，童年会是他人生的阴影，伴随至终老。所以，心理辅导必须从小学时就开始，只可早不可晚。

（一）学习心理健康

学习是学生的主要活动。心理健康的学生是能够进行正常学习的，在学习中发展智力和能力，并将学习得的智力与能力用于进一步的学习中。由于在学习中能充分发挥智力与能力的作用，就会产生成就感；由于成就感不断得到满足，就会产生乐学感，如此形成了一个良性循环。具体地说，学习方面的心理健康，表现在如下方面：

1. 主动学习；

2. 从学习中获得满足感；

3. 从学习中增进体脑发展；

4. 在学习中保持与现实环境的接触；

5. 在学习中排除不必要的忧惧；

6. 形成良好的学习习惯。

（二）人际关系心理健康

我国著名的心理学家丁瓒曾经指出：人类的心理适应，最主要的就是对于人际关系的适应。

人总要与他人交往，并建立一定的人际关系。学生的人际关系主要涉及亲子关系、师生关系和同伴关系等方面。学生与双亲、与教师的关系是一种垂直方向的关系，而与同伴的关系则是水平方向的关系。每个学生总是"定格"于人际关系网络中某个特定的位置，同时又与别人发生各种方式的联系。学生处理错综复杂的人际关系的能力直接体现了其心理健康水平。在人际关系方面，心理健康表现在如下方面。

1. 能了解彼此的权利和义务；

2. 能客观了解他人；

3. 关心他人的需求；

4. 诚心地赞美和善意的批评；

5. 积极地沟通；

6. 保持自身人格的完整性。

（三）自我方面的心理健康

心理健康的人了解自己，并悦纳自己。"人贵有自知之明"，心理健康的人能正确客观地认识自我，了解自己的能力、性格、需要。他们既不自卑，也不盲目自信；他们经常进行自我反思，看到自己的长处，更能容纳自己的不足，并寻求方法加以改进。心理健康的人常常能正确地认识自我、体验自我和控制自我，主要表现在以下六个方面。

1. 善于正确地评价自我；

2. 通过别人来认识自己；

3. 及时而正确地归因，促进自我认识；

4. 扩展自己的生活经验；

5. 根据自身实际情况确立抱负水平；

6. 具有自制力。

三、小学生心理健康测量与评价标准

小学生心理健康的测评是一项科学而严谨的工作，必须依据一定的标准来进行。但是，判别学生心理是否健康是相当困难的。

首先，心理的健康与不健康之间的差别是相对的，它们之间并没有绝对的界限，几乎无法确定一种绝对的标准来度量错综复杂的心理现象。

其次，学生心理问题的形成受社会、家庭、遗传素质多种因素的影响，而这些因素直接影响判别者对差别标准的看法。

此外，由于不同的理论学派对心理问题的研究途径不同，理解也不一致，很难形成大家公认的标准，因此，对心理健康与否的判别也就形成了多侧面多层次的标准。一般来讲，运用以下标准：

（一）描述性标准

这种标准主要着眼于阐述正常与异常行为的类型，说明什么样的行为是正常的，什么样的行为属于异常，主要包括统计学标准和社会伦理、道德标准。

1. 统计学标准

这一标准来源于对正常心理特征的心理测量，是以人群中具有这种特征的人数分配为依据。心理学家认为，一般心理特征的人数频率分布多为常态，一种心理特征符合常态分布，说明大多数人在这一特征表现上处于平均水平，位于两端的极端表现的人只占少数。根据这一标准，任何心理特征，只要其强度处于平均值附近就属于正常，偏离均值属异常，偏离均值越远，就越不正常。心理的灰色区概念正是说明了这一标准。

心理健康与不健康并无明确界限，它是一个连续变化的过程，具体来

讲，如果将人的心理绝对正常比做纯白色，绝对不正常比做纯黑色，那么纯白色和纯黑色之间存在一个巨大的中间地带——灰色区，大多数人位于灰色区内，可以说处于纯白区内，心理上一点问题都没有的人几乎不存在，而那些绝对偏离大多数人群，位于纯黑色地带的，心理上完全变态的人也是少而又少。

灰色区又进一步可分为浅灰区和深灰区。浅灰区的人只有心理冲突而无人格变态，表现一般为由人际关系不好、学习不顺、适应不良等带来的心理不平衡或情绪压抑。深灰色的人则有各种异常人格，例如强迫症、恐惧症等。

2. 社会伦理、道德标准

一个人的绝大多数行为如果符合社会伦理道德及社会准则，他的心理就属于正常的，如果经常偏离，就属不正常。这一标准反映了不同文化背景下心理健康的标准是不一致的。在一种社会中属正常的行为，在另一种社会条件下，可能就属反常。

例如，西方文化比较强调人的独立性和个性发展、自我实现，而中国文化则强调合群性，以及对权威的遵从和对集体的依赖。这样，在中国文化背景下，一个过于独立的人有可能被认为不健康，比如教师认为不听话、爱插话、提怪问题的学生有心理问题，而在西方恰恰相反，这样的孩子往往受到教师的鼓励，而过分依赖教师的孩子往往被认为不正常。

（二）解释性标准

此标准根据异常心理产生的原因制定。包括病理学、医学标准，心理学标准和调整性标准。

1. 病理学、医学标准。正常与反常取决于神经系统是否正常，物理学、化学检查，心理生理测定及各种方法测定是这种标准的客观度量尺度。这一标准比较客观，但在学校心理测评中较少用。

2. 心理学标准。取决于心理功能是否健全。

3. 调整性标准。取决于个人能否正确调整自我及自我与环境之间的关系，能顺利调整自我对外部环境的消极情绪，不断调整自身的需要、动机、情感、兴趣味、愿望和对外界的认识，而异常心理的人却做不到。

第三节　影响小学生心理健康的因素

影响小学生心理发展的因素分为内部因素和外部因素。

一、内部因素

（一）遗传因素

人们都是通过遗传物质获得生物特征，其中包括人体的解剖特征（即人体的结构）与生理特征（即人体的机能）。人天生就具有各种器官，并且每一个器官都有其相应的机能，这些都是遗传的结果。

遗传因素是影响小学生心理发展的重要因素，它对小学生心理发展所起的作用集中体现在下列三个方面：

1. 遗传是心理发展的基础

小学生心理要得到正常发展必须具备这个物质前提，也就是说小学生心理要得到正常发展必须具备正常的遗传素质，否则小学生的心理发展就可能出现异常。

2. 遗传限定心理的发展

小学生的智力发展最终达到怎样的水平，在一定程度上取决于其遗传素质的优劣，天赋较好的小学生，其智力发展水平可能较高；天赋较差的小学生，其智力发展水平可能较低。

3. 遗传造成心理发展的差异

小学生心理发展水平的差异在一定程度上是由其遗传素质的差异所造成的，遗传素质的差异造成小学生心理发展的水平差异，遗传素质的特质（即人体特殊的结构与机能）差异造成小学生心理发展的优势差异。小学生的气质类型与特征的差异，在很大程度上就是由其先天的神经类型与特性决定的。

遗传素质虽然对小学生心理发展起着至关重要的作用，但是它只能为小学生心理的发展提供一种可能性，这种可能性能否变成现实性，还取决于后天的环境与教育。片面夸大先天的遗传作用，而否定后天的环境和教育的作用，这种"遗传决定论"的观点被事实证明是错误的。

（二）生理成熟

生理成熟是指小学生的身体器官及其机能的不断发展，逐渐向完善程度靠拢。小学生身体各器官及其机能的发展经历了从不成熟到成熟的过程，这一过程要经过几年、十几年，不过各个器官达到完全成熟的时间不同。一般来讲，小学生的运动器官（即四肢）成熟得较早，3 岁左右就已基本成熟了；生殖器官成熟得较晚，女孩要到 11、12 岁，男孩要到 12、13 岁才能达到基本成熟的程度；大脑皮质一般要到 14 岁左右才能达到基本成熟的程度。小学生的心理随着生理的成熟而逐渐走向成熟，不过生理的发展不等于心理的发展，从哲学上来讲，生理发展与心理发展属于两种不同的运动形式。

生理成熟是小学生心理发展的生理基础，小学生的心理是在这个物质基础上发展起来的。生理的发展直接制约着小学生心理的发展，小学生思维的发展直接受到大脑皮质成熟程度的制约，小学生的大脑皮质基本成熟后，他们的思维才能达到完全理性思维的程度。美国心理学家格赛尔曾选择双生子 T 与 C 作为被试对象开展实验，在 T 出生后第 48 周开始接受爬楼梯训练，每次练习 10 分钟，连续训练 6 周；而 C 则从出生后第 53 周开始接受爬楼梯训练，结果训练 2 周后就达到了 T 爬楼梯的水平。这一实验表明，生理成熟是小学生行为与心理水平提高的前提条件。

二、外部因素

小学生所接触的主要外界环境就是家庭和学校，其次是社会。所以前两个环境是影响小学生心理的主要外部因素，随着社会的不断发展，小学生接触社会的机会增多，社会因素对学生的影响程度也日益加深。

（一）家庭因素

家庭是儿童的第一所学校，父母是子女的第一任教师。父母对子女的教育影响，对他们的心理健康起着巨大的作用。存在心理障碍的孩子，父母的教育方法、态度普遍存在较严重的问题。此外，家庭成员的不良行为对小学生具有直接唆使或间接暗示的影响。家庭正常结构的破坏（离婚、丧偶等），小学生得不到父爱或母爱，容易产生焦虑症和抑郁症；父母对孩子过分溺爱、娇惯，容易造成他们的懒惰、意志力薄弱、自控能力差等，父母对孩子过分严厉或打骂，容易形成他们焦虑、对立或说谎等心理障碍，甚至患恐惧症。

学生的心理异常有时是由于父母的心理病态引起的，人们发现：父母情绪低沉、抑郁，往往会造成孩子终生情绪抑郁；父母胆小怕事，忧虑重重或对子女不切实际的要求，易造成学生焦虑、害怕现实、精神负担过重或癔病；家长对孩子的期望过高，家长对于分数的敏感甚于孩子，孩子考试得了99分回家得不到表扬，家长却问为什么不是100分，就是得100分回家也同样要接受教育，关照不要骄傲自满，要努力，因此造成不必要的心理压力。

还有的小学生的父母忙于工作，把孩子交给老人带，忽略了教育孩子的责任。祖辈疼爱第三代，比较注重生活方面的照顾，缺乏心理上、情感上的交流，同时由于照顾太多，他们的能力得不到发展，甚至出现心理方面的问题。

（二）学校因素

学校的校风、班风、教学内容、课外教育活动等，特别是老师本人的性格和作风对小学生心理健康的形成也起着直接或间接的影响作用。一个有威信的教师，在孩子们心目中总是"理想"、"可爱"的人物，他们不仅会听从他的教导，甚至会处处模仿他的举止和风格。如果教师教育方法不当，对学生要求过度，就会导致学生的学习成绩下降，学生不能面对现实，不能接受正面的教育，必然造成心理上的许多矛盾冲突，在心理上受到伤害或严重打击，引起许多不良的情绪体验，如：怀疑、失望、悲伤、恐惧、愤怒甚至绝望等，这些状况持续下去，就必然导致心理异常的出现。

（三）社会因素

由于现代社会的快节奏和激烈竞争，生活日新月异，小学生周围的一切也急剧地变化，小学生的是非分辨能力有限，其社会性正处于形成阶段。在物质匮乏的年代，小学生比较容易满足，考试取得一个好成绩，只要有一粒糖的奖励也会欣喜若狂，比较重视老师和家长的表扬。而随着现在生活水平的不断提高，还有部分先富起来的家庭，家长过于宠爱孩子，对物质的要求有求必应，以至于有的小学生对表扬、鼓励无所谓，对什么事都满不在乎。再者加上目前社会上一些不良风气、媒体宣传、周围一些人群低级庸俗的生活方式的感染，及拜金主义、享乐主义等消极人生观无不对小学生的心理健康产生着不良影响。

第四节　小学生的生理发展特点

　　小学生心理的发展，离不开生理发育基础。神经系统的发育尤其是脑的发育，是小学生心理发展的直接前提和重要物质基础。

一、身体外形的变化

　　在儿童期，体格发育基本上是平稳的，身高平均每年增长 4~5 厘米，体重平均年增长 2~3.5 公斤。10 岁以后，随着青春期的到来，体格发育进入快速增长阶段。这时身高男孩一般每年可增长 7~9 厘米，个别可长 10~12 厘米；女孩一般每年可增长 5~7 厘米，多的可长 9~10 厘米；体重每年可增长 4~5 公斤，有的可增加 8~10 公斤。

　　女孩青春期身高生长突增开始得比男孩早约 2 年，所以在 10 岁左右，女孩身高由以前略低于男孩开始赶上男孩，超过男孩；12 岁左右，男孩青春期身高生长突增开始，而此时女孩生长速度已开始减慢，到 13~14 岁左右男孩身高生长水平又赶上女孩，超过女孩。由于男孩突增期间增长幅度较大，生长时间持续较长，所以到成年时绝大多数身体形态指标均比女孩高。

　　由于不同类型的骨骼快速生长的时间不同，停止生长的时间也不一致。这样，小学生的身体比例也不断发生变化。进入小学以后，小学生的头部生长速度逐渐减慢，而四肢的增长速度依旧，头部与全身、躯干及下肢的比例随之逐年变小。到了小学高年级，小学生进入青春期体格快速增长时期，手、脚及上下肢的生长速度加快，出现长臂长腿的不协调体态。

二、体内机能的发育

体内机能的发育首先表现在心脏和血管的变化。有人曾作过一个统计，假定新生儿心脏体积为 1，那么 1 个月时则为 3，至 12 岁时为 10，接近成人水平了。小学生的心脏和血管都在不断地均匀增大或增长。但由于小学生正处于长身体时期，新陈代谢快，血液循环需要量较大，所以他们的心脏必须加速运动，才能使血液循环加速进行。其次表现在肺的变化，从结构上讲，肺的变化经过了两次"飞跃"，第一次在出生后第 3 个月，第二次在 12 岁前后，12 岁的肺是出生时肺的 9 倍，12 岁前后，肺发育得又快又好。肺活量的大小是小学生肺功能的一个重要指标，肺活量的大小是随年龄的增长而增大的。经常参加体育锻炼可以大大提高肺活量，增强肺的功能。

小学生的骨骼正在骨化，但骨化尚未完全。儿童期的骨骼有机物和水分多，钙、鳞等无机成分少，所以儿童骨骼的弹性大而硬度小。儿童不易发生骨折，但容易发生变形，不正确的坐、立、行走姿势可引起脊柱侧弯（表现为一肩高一肩低）、后凸（驼背）等变形。这时的儿童肌肉虽然在逐渐发育，但主要是纵向生长，肌肉纤维比较细，肌肉的力量和耐力都比成人差，容易出现疲劳。因此，在劳动或锻炼时，不应该让他们承担与成人相同的负荷，以免造成肌肉或骨骼损伤。写字、画画的时间也不易过长。

小学生的新陈代谢十分旺盛。新陈代谢包括同化作用和异化作用两个方面。人体从外界摄取营养物质，变为自己身体一部分，并且贮存了能量，这种变化叫同化作用。与此同时，构成身体的一部分物质不断氧化分解，释放出能量，并将分解的产物排出体外，这种变化叫异化作用。小学年龄儿童正处在长身体的时候，同化作用大于异化作用，所以，他们需要从外界摄取更多的营养物质，以保证正常生长的需要。

三、神经系统的发育

心理活动是脑的机能，是高级神经活动的机能。因此，神经系统的发育直接影响着小学生的心理发展。神经系统的发育首先表现在脑的重量变化。研究表明，人脑平均重量的变化趋势为：新生儿为390克，8~9个月的小学生为660克，2~3岁的小学生为990~1011克，6~7岁的小学生为1280克，9岁小学生1350克，12岁小学生为1400克，达到了成人的平均脑重量。其次是脑电波的发展。脑电波的变化意味着神经系统在"质"的方面的变化。

研究发现，在我国，4~20岁的青少年的脑电波的是总趋势是α波（频率8~13周次/秒）的频率逐渐增加，脑的发展主要通过α波与θ波（频率4~7周次/秒）之间"斗争"而进行的，"斗争"的结果是θ波逐渐让给α波。由于α波是大脑皮层处于清醒安静状态时脑电活动的主要表现，θ波则是人在困倦时的脑电活动的主要表现，因此可以说，随着年龄的增长，神经系统的兴奋过程逐渐增加。

研究还发现，我国4~20岁的小学生青少年，脑发育有两个显著加速的时期，或称"两个飞跃"，5~6岁是第一个显著加速时期，13~14岁是第二个显著加速时期，这时期脑的发育已基本成熟。

第五节 小学生的心理发展特点

一、认知发展的特点

小学生的感知觉已逐渐完善，他们的方位知觉、空间知觉和时间知觉在教育的影响下不断发展，观察事物更加细致有序。

小学生的记忆能力也迅速发展，从以机械识记为主逐渐发展到以意义识记为主，从以具体形象识记为主到词的抽象记忆能力逐渐增长，从不会使用记忆策略到主动运用策略帮助自己识记。

小学生的言语也有很大发展，能够比较熟练地掌握和运用口头言语，在教育的影响下，逐渐掌握了书面语言，学会了写字、阅读和写作。

小学生思维的基本特征是以具体形象思维为主要形式过渡为以抽象逻辑思维为主要形式。小学低年级儿童形象思维所占的成分较多，而高年级儿童抽象思维的成分较多。

总之，在系统的学校教育影响下，小学生的认知水平得到了很大发展。

二、社会性发展的特点

儿童入学以后，社会关系发生了重要变化，与教师和同学在一起的时间越来越长，在与教师和同学的相处中，儿童学习与人相处、与人合作及竞争的一些基本技能技巧。师生关系及同伴关系对儿童的学校适应有重要影响。这种关系的质量既影响到儿童对学习的兴趣，对班级、学校的归属感，也影响到学生情绪、情感的发展。小学阶段也是个体自我概念逐渐形成的一个重要时期，儿童学业成败、社会技能、来自教师及同伴的社会支持对其形成自信或自卑的个性品质有很大的影响。

小学生的道德认识能力也逐渐发展起来，从只注意行为的后果，逐步过渡到比较全面地考虑动机和结果。由于认知能力的发展特别是观点采择能力的发展，儿童越来越能从他人角度看问题，道德情感体验日益深刻。

三、意志发展的特点

意志是指一个人自觉确定目的，支配、调节行动，克服困难以达到目的的心理过程。意志是意识的能动性、积极性的集中体现，是人类独有的心理现象。意志和行动是密不可分的，在意志支配下的行动叫意志行动。意志支配、调节着行动，并在意志行动中表现出来。意志是学生学习中的非智力因素之一。在一般情况下，学业成绩的好坏与意志水平的高低是一致的。意志坚强的学生，学习的自觉性较强，并能克服困难，坚持组织自己的学习，取得良好的学习成绩；反之，意志薄弱的学生，往往会影响学业成就的提高。

（一）动机和目的

小学低年级学生还不善于自觉地、独立地提出行动的动机和目的。到了中年级以后，小学生随着知识经验的增加以及思维水平的提高，逐渐学会了自觉地、独立地向自己提出行动的动机和目的，并逐步具有了远景的、抽象的、有一定社会意义的动机和目的。

（二）任务的决定与执行

小学生意志行动任务的决定与执行之间的时间间隔不长。他们的意志行动是比较简单的，还不善于为了一件事去反复思考、计划、决定和执行，这些往往是同时发生的或是比较接近的。小学生在学习的过程中，对待困难的态度是不一样的。年级越低的小学生克服困难的精神越差，随着年级的升高，小学生克服困难的精神也不断增强。小学生对意志行动任务的责任感，在克服困难、完成任务中有着极其重要的作用。小学生意志行动任务的责任感强，遇到困难容易克服；反之，缺乏责任感的小学生，遇到困难有意回避，或轻易求助于教师、同学。

四、记忆发展的特点

记忆是人脑对经历过的事物的反映。人们过去见过的、听过的、嗅过的、尝过的、触摸过的、思考过的、体验过的对象及动作等，都可以在头脑里留下痕迹，以后还会再现或回忆出来，这都是记忆现象。从信息论的观点出发，记忆就是对信息的输入、编码、储存和提取的过程。记忆是人们进行心理活动的基本条件，也是人们心理发展的基本条件。记忆在智力结构中占有重要地位，是智力活动的基础。人的智力结构中的诸因素都离不开记忆，没有记忆，无论是观察、想象、思维或注意都无法进行，所以我们要加强对小学生记忆力的辅导，以提高小学生的智力水平。

（一）有意识记逐渐占主导地位

小学生的无意识记和有意识记的效果会随年龄的增长而递增，有意识记的增长速度更为明显。一般来说，小学生入学时，无意识记占主导地位。随着年级的增长，有意识记效果赶上无意识记效果，最后有意识记的效果超过无意识记的效果，有意识记逐渐占主导地位。

（二）意义识记在逐步发展

从记忆方法上说，小学生意义识记正在逐步发展乃至占主导地位。一般来说，学前儿童和低年级小学生主要采取机械识记的方法，中高年级小学生比较多地采用意义识记的方法。小学低年级的学生由于知识经验比较贫乏，抽象逻辑思维欠缺，对学习材料不易理解，也不会进行信息加工，因而在学习功课时较多地运用机械识记。到了中高年级，由于他们知识经验日益丰富，抽象逻辑思维不断发展，在学习活动中运用意义识记的比例逐渐增大。

（三）在形象记忆的基础上抽象记忆迅速发展

从识记的内容上说，小学生在形象记忆的基础上，对词的抽象记忆也在迅速发展。小学低年级学生，由于第一信号系统活动占优势，在头脑中和第一信号系统相联系的事物的具体形象容易记住。

到了中高年级，学生掌握的语词量不断增加，第二信号系统的活动逐渐占优势，所学课本的内容大多是些抽象的词、数字或符号，所以他们的抽象记忆也渐渐地占主导地位。但对小学生来说，他们在记忆抽象的材料时，主要还是以事物的具体形象为基础，即形象记忆仍起着重要作用。

五、情感发展的特点

小学生入学以后，由于生活条件的变化，在情感的内容、稳定性和自我调节等方面都有了进一步的发展，表现出新的特点：

（一）情感自控性的发展

在小学低年级学生身上时常可以看到学前儿童那种容易冲动、外露、可控性比较差的情感特点。随着年级的升高，他们调控自己情感的能力逐渐发展起来。他们能根据学校的纪律要求约束自己的情感。同时，小学生也逐渐理解并遵守社会公德。

（二）情感稳定性的发展

在整个小学阶段，小学生的情感带有很大的情境性，容易受具体事物、具体情景的支配，并且，他们的喜、怒、哀、乐会明显地表露出来。这在小学低年级学生身上表现尤为明显。随着知识经验的丰富、抽象逻辑思维能力的发展以及自我意识水平的提高，小学生情感的稳定性会逐渐增强，逐渐产生了较长时间影响整个行为的情感体验。

（三）情感的内容日益丰富和深化

入学后，学校成为小学生的主要活动场所，使小学生的活动范围不断扩大，引起其情感变化的事物也日益复杂。此时，学习的成败、在集体中的地位、与同伴的关系等，使他们产生各种各样的情感体验。他们不仅体验着游戏所带来的欢乐，也体验着学习、集体活动所带来的快乐、幸福。此外，教师的表扬与批评、同学之间的议论与评价、学校中所发生的事件等，都成为小学生体验新的情感的内容。

随着小学生认识的发展，情感的内容也日益复杂和深刻。小学生的情感同学前儿童一样具有直观性，他们的情感主要与具体事物的直观形象相联系。同时，他们的情感也与事物的表象相联系，他们不仅因受到表扬而高兴，受到批评而沮丧，而且想到这些表扬和批评的情景也会使他们产生情感上的体验，从而激励着他们努力地学习。

一般来说，低年级小学生对人和事物的态度与事物的外部特点相联系，中高年级小学生对人和事物的态度则越来越接近于事物内在的本质和特征。此外，小学阶段，儿童高级的社会情感也开始逐步发展。小学生的道德感、美感、理智感逐步发展起来。

六、性格发展的特点

性格是指人对现实的态度和行为方式中比较稳定的、具有核心意义的个性心理特征。

小学生的性格发展水平是随年龄的增长而逐渐升高的，但其发展速度表现出不平衡、不等速的特点。

小学二年级至四年级发展较慢，表现为发展的稳定时期，四年级至六年级发展较快，表现为快速发展时期。这主要是因为，小学低年级学生正处在适应学校生活的过渡时期，繁重的课程和作业的压力使他们焦虑、紧张，常常感到力不从心。

小学中高年级的学生已经完全适应了学校里以学习活动为主的特点，集体生活范围逐步扩大，同伴交往日益增加，教师、集体、同伴对儿童的性格越来越产生直接的影响，使小学生的性格特点日益丰富和发展起来。

到小学六年级，小学生开始进入到青春期，青春期的身心巨变又将对小学生的性格发展产生深刻的影响。因此，在小学生的性格发展中，小学六年级是性格发展的关键期。这个时期的学生，情绪的强度和持久性迅速增长，求知欲发展很快，但自制力显著下降，思维的灵活性发展偏慢。他们既有强烈的情绪体验，对人、对事非常敏感，又缺乏自我分析、自我宽慰的能力，因而，其性格处于一种非常矛盾和严重的不平衡之中。如果这个时期教育得法，就能促进小学生的性格健康发展。

第六节　小学生心理发展的主要矛盾

事物自身包含的既对立又统一的关系叫做矛盾。简言之，矛盾就是对立统一。所谓对立，是指矛盾双方相互排斥、互相斗争。所谓统一是指如下两种情形：第一，矛盾双方在一定条件下相互依存，一方的存在以另一方的存在为前提，双方共处于一个统一体中。第二，矛盾着的双方，依据一定的条件，各向自己相反的方向转化。它们中的一方对另一方的否定，以及在旧矛盾向新矛盾的转化中对旧矛盾的否定，都不是单纯的否定，而是辩证的否定，即否定之中有肯定，肯定之中有否定。

所以说，矛盾若是处理的好，会成为事物发展的动力。若是处理不好，则会阻碍事物的发展。小学生的成长同样如此，他们平日的生活中充满矛盾，却不善于利用这些矛盾。作为辅导教师，应该深刻了解这些矛盾，并妥善利用。

一、低年级阶段的矛盾

例如在小学低年级，入学对个体而言是生活中的一大转折。从过去以游戏为主导性活动的幼儿变成以学习为主导性活动的小学生，这对一个六七岁的孩子来说是一个很大的改变、很大的难题，而尽快适应入学后的各种新的要求，就成了低年级小学生最大的发展性需要；他们在短短的一两年时间里，必须养成各种良好的学习习惯、生活习惯、行为习惯，必须适应新环境、新规范、新老师、新同伴、新集体，必须掌握突然增加了难度和数量的各学科的知识、技能并且接受比较严格的考核和评价，必须承担一种前所未有的社会义务，学习那些自己可能还不甚感兴趣的内容，并由此带来一系列情感、情绪上的或积极、或消极、或痛苦的体验，等等。但这对他们来说既是一种新的挑战，又是一种发展的契机，一种巨大的推动和促进。

二、中年级阶段的矛盾

到了中年级，小学生入学适应的发展性需要已经基本满足，但随之而来的问题是他们的智力发展进入了一个新的阶段，或者说进入了一个关键期。这个阶段是以具体形象思维为主要形式向抽象逻辑思维为主要形式加速过渡为其突出标志的。这里说的"加速过渡"，就是指"飞跃"和"质变"。与之相应的外部变化，则是小学三四年级学业难度的提升。

而对于学生个体来说，尽管他们每个人入学之初都对自己的学习前景充满美好的愿望，尽管他们的家长和老师也在给他们以种种要求和激励，但不可否认的事实是，确实有一部分学生在这个"思维列车提速"的关键时刻落伍了。由此带来的后果便是学习上的挫败感，一些学生对学习出现消极态度，甚至出现厌学情绪。而这种学习上的消极退缩表现，又会成为这些学生面临新的学习困难的成因。

更值得注意的是，学业上的一再挫败，还可能给这些学生造成人格发展上的障碍。于是，一个本来充满希望的生命个体的成长道路可能就此令人痛心地被改变了！由此可见，小学中年级学生面对的心理发展需要主要是学业成功问题。在这个关键年龄段上，学生的学习能力（主要是思维能力）的发展会有快有慢，学习态度、学习成绩也开始出现分化，这使中年级小学生的心理发展走势潜伏着种种危机，只有克服这些危机，他们今后才可能健康成长。

三、高年级阶段的矛盾

小学生升入高年级后，一种值得注意的倾向是在自我意识的发展方面进入了第二个上升期，而个性的发展则进入了骤变期。他们在意识的独立性、情感的丰富性、行为的自觉性、志趣的稳定性等方面，都达到了新的发展水平。同时，一些令成年人感到头痛的问题也可能在这个时期中表现出来，例如因性发育提前可能造成的异性同学交往过密，亲子关系中的代沟形成，厌学和逃学，对教师的抗拒和逆反，等等。这说明小学高年级学生在心理发展方面的突出需要主要是形成良好个性的问题。

综上所述，整个小学时期学生心理的发展是一个既有连续性、又有阶段性的过程。在这个过程中，基本上可以分为低段、中段、高段三个时期。每个时期内那些相对平稳的、细微的变化属于量的积累，体现了心理发展的连续性；而当某些新的质素的量积累到一定程度时，就会形成一种处于优势的主导地位，出现某种挫折或飞跃。这又体现了心理发展的阶段性。

第三章　小学心理辅导内容

　　本章主要为广大心理辅导教师介绍小学心理辅导的内容，包括情绪情感辅导、学习心理辅导、人际交往辅导、休闲心理辅导、自我意识辅导和生涯辅导。辅导内容是根据小学生的特点和其所接触的环境而定的，并不局限于本章所讲述的内容。

第一节　情绪情感辅导

普通心理学课程中认为："情绪和情感都是人对客观事物所持的态度体验，只是情绪更倾向于个体基本需求欲望上的态度体验，而情感则更倾向于社会需求欲望上的态度体验"。

以小学生的心理发展程度来讲，他们是不能完全控制好自己的情绪与情感的，这种特点导致一些小学出现情绪与情感方面的心理问题。所以，辅导教师可以采取以下方法对小学生进行这方面的心理辅导。

一、引导小学生的正确情绪

由于小学生的感情特点是容易冲动，常常不能约束自己，因此辅导教师有责任教会学生调节和控制自己的情绪。

（一）保持小学生的良好情绪状态

保持适宜的情绪状态包括调节情绪的紧张度，控制情绪发生的强度，引导情绪情感发生的方向等方面，这可以通过加强意志对情绪的控制来达到目的。例如一个人在面对挫折的时候，应当以对事物的理性认识来控制自己的情绪，当忍不住要动怒时，要冷静地审察形势，检讨反省，考虑发怒的后果，寻找其他更为适当的解决方法。经过如此"三思"，就能够消除或减轻心理紧张，使情绪渐趋平静。也可以用转移注意的方法来达到目的。例如，由于过度的脑力劳动而引起情绪紧张，可以通过文娱或体育运动来使神经活动过程达到平衡，从而达到缓和情绪的目的。

但是，小学生不善于很好地调节和控制自己的情绪，他们自我监督的能力还不强。因此，最关键的还是要通过提高他们的思想水平、品德修养、学业成绩和坚强意志，并在生活实践中磨炼他们。这是保持适宜情绪状态的根本方法。

（二）丰富小学生的情绪体验

小学生如果产生不良情绪，原因主要有两方面，一是因单调的情绪体验而引起，二是由于缺乏一定的情绪体验所引起。为了培养学生健康的情绪，辅导教师应为学生提供体验各种情绪的机会。例如对于考试怯场的学生，教师可以为学生创造由不太紧张的教学环境过渡到较为紧张的考试环境，再过渡到更高一级的紧张考试环境，直到他学会借助自控能力适宜此类环境为止。

（三）引导学生多角度看待问题

人的情绪是由认知所决定的，一个人之所以受情绪困扰，不是因为发生的事实，而是因为对事实的观念。现实中，人们的许多情绪困扰并不一定是由诱发事件直接引起的，而是由经历者对事件的非理性认识和评价造成的。人们对事物的观察与体验。对生活中遇到的问题与挫折，倘若只从一个角度来看，可能引起不安，产生苦闷和烦恼。如果从另外一个角度来看，也许会发现它的积极意义，从而使消极的情绪转化为积极的情绪。

小学生的经验阅历有限，看问题的角度显得很单一。当学生走到情绪的死角时，辅导教师须向小学生提供更多看问题的视角，帮助他们从认知上摆脱情绪的困扰。

二、发展小学生的高级情感

在心理辅导过程中，辅导教师要培养小学生明辨是非的能力，以发展其道德感。通过绘画、唱歌、跳舞、体育竞赛、美化教室和校园的劳动、游览、参观、学习英雄事迹等多种形式的活动，培养小学生高雅的审美情趣，以发展他们的美感。求知欲和好奇心是小学生理智感的重要内容。

同时，辅导教师应与小学生的任课老师配合，传授任课老师一些辅导知识。例如，教学活动中，任课教师要注意激发小学生的求知欲、好奇心，要鼓励他们克服困难，使他们在学习活动中体验成功的欢乐，以发展他们的理智感。

三、正确控制自我的情绪

辅导教师可以教给小学生一些排解情绪的方法：

（一）自我放松

自我放松法简便易行，能有效地对抗紧张、激动和焦虑等情绪，常用的有三种：意念放松、呼吸放松、肌肉放松。不论采用哪种放松方法，首先要做的是"定心"，静下心来，排除杂念，集中注意。然后咽一口唾液，想象它顺着血脉在体内游走，到手心和脚心处作停留，并在心里默念：我的手（脚）开始暖和起来了，我的手（脚）已经很暖和了。一旦双手、双脚真的产生温暖的感觉后，整个人就会感到神清气爽。用深呼吸可以达到同样效果：从丹田处往上吸气，注意腰部也要用力，尽量吸得深一些，将胸腔充满，稍作屏息，再慢慢地把气呼出去，吸、止、呼的比例参照脉搏跳动次数平均为1：4：2。还可以做肌肉放松操，在音乐或口令引导下，依次收缩、松弛全身肌肉。

（二）自我暗示

暗示是人们为了某种目的，在无对抗的条件下，通过交往中的语言、手势、表情、行动或某种符号，用含蓄的、间接的方式发出一定的信息，使他人接受所示意的观点、意见或按所示意的方式进行活动。

自我暗示如果运用的好，会起到神奇的效果。

（三）转移注意

有意识地转移话题或从事其他的活动如听音乐、打球、下棋、散步等来分散当前的注意力，转移优势兴奋中心，可缓解或消除原来的不良情绪。

（四）合理宣泄

不愉快的情绪是不可避免的，采取适当方式加以宣泄可以释放心中的郁积，有利于身心健康，一味压抑、闷在心只会产生消极影响。关键是发泄的对象、地点、场合、方法要合理，不要伤害别人，也不要伤害自己。写日记、对知心朋友诉说、与人沟通、大哭一场或者大声唱歌、剧烈运动等，都不失为比较理性的做法。

（五）运用幽默

幽默是一种特殊的情绪表现，也是人们摆脱尴尬、保持乐观的好方法。学会用幽默来对付那些让人嫌恶的人或事，会使自己变得轻松、愉快，真正具有化腐朽为神奇的力量。

对个别存在较严重的焦虑、紧张、抑郁、恐怖、冲动等情绪困扰的学生，要帮助他找出情绪不健康的原因，分析情绪反应是否合理、适度，协助他采取适当的措施，运用认知改变、系统脱敏、代币疗法等技术，减轻和消除不正常情绪，控制激情和冲动行为。

第二节　学习心理辅导

大部分学者都认为"学习是个体在特别情境下，由于练习或反复经验而产生的行为、能力或倾向上的比较持久的变化及其过程"。

学习是小学生平日的主要任务，但是有些学习活动又与他们不受束缚、天性活泼的个性相冲突。在这种情况下，一些学生产生了不健康的学习心理，直接影响到了学习活动。

辅导教师可以采取以下方法对小学生进行辅导。

一、培养学习动机

学习动机的培养过程是促使学生把外界向他提出的客观要求转变为内在的学习需要的过程，也是促使学生把无意识或没有清楚意识到的动机转化为有意识动机的过程。培养学生学习动机的根本措施就是引发学生内在的学习需要，促使学生在学习需要的驱使下产生学习动机。

（一）充分利用学生的好奇心与求知欲

所谓好奇心是指由外界新奇刺激物引起人们产生的一种探究心理意向，它建立在无条件反射的基础之上，其实质是一种探究反射，也是一种定向反射。好奇心表现为人们对新奇刺激物朝向、注视、接近、探究的一种愿望，它是行动力量的源泉之一。人们好奇心的强弱与外界刺激物的新奇性与复杂性密切相关，刺激物越复杂、新奇，则人们的好奇心越强。求知欲也就是认知需要，是一种认识世界，渴望获得科学文化知识和不断探究真理而带有情绪色彩的意向。

小学生对客观世界中许多事物都感到陌生，拥有强烈的好奇心，由于好奇对外界事物产生了强烈的求知欲，他们在好奇心与求知欲的驱动下产生积极主动，富有成效的学习活动。辅导教师需尊重学生的好奇心，并引导学生的相关任课老师在教学过程中激发学生的求知欲。

（二）外部要求内化

外部要求内化是指将社会与学校的要求，教师与父母等人的要求转化成学生内在的学习需要，使学生从"要我学"变成"我要学"，从而引发他们的学习动机，激发学生学习的积极性。布鲁纳在他的《教育过程》一书中首次提出内在动机的概念并倡导发现学习，他认为最好的动机是通过学生发现所学知识本身是一种内在兴趣而产生发现的兴奋感和自信感。学生把有所发现作为学习的主要任务，就能培养其学习兴趣。当然，进行发现学习，需要在教师的指导下进行，在教师积极主动的引导下，这种外部要求才可能转化为学生的内在动机，但在这一过程中，学生是自愿的，主动的。

外部要求转化成学生内在的学习需要关键在于学生理解并接受这种要求，而学生是否接受外界的要求取决于两个方面的因素：一是这个要求本身是否合情合理，提出要求的方式是否妥当；二是学生当时的心理状态，他们当时的需要、态度、情绪状态与注意状态等都会影响他们对外部要求的理解与接受。教师向学生提要求时一定要把握时机，并注意方式。

（三）引发目标期待

目标期待是指学生期待预定学习目标的实现。由于学生期待学习目标的实现，他们就有可能产生学习的需要，进而产生学习动机。教师要引发学生的学习动机就要使学生在心中树立学习目标，包括近期目标与长远目标，近期目标引发学生产生近景的直接性动机，而长远目标则引发学生产生远景的间接性动机，这两种动机对学习的作用方式与大小不同。对于学生来说，这两种目标都必不可少。

教师既要给小学生提出长远的学习目标，又要为之提出明确又具体的近期目标。要让他们知道学习对他们来说是具有重要意义的，确保他们能够知道他们将从学习中学到什么，并教会小学生如何达到学习目标，并针对具体目标提出具体建议。学习目标也是教师对小学生学习结果的期待，能提高学生学习的积极性。在教学中教师要善于利用这种目标期待，提出在学生能力范围内具有一定挑战性的目标，要让学习期望值过高的学生适当地降低学习目标，要让那些期望值过低的学生适当地提高学习目标，这样更有利于引发学生产生最佳学习动机。

（四）培养与利用兴趣

学习兴趣是引发学生学习动机的重要心理成分，它能使学生在学习活动中产生愉快的情绪体验，从而使学生产生进一步学习的需要。由此引发指向学习活动本身的内部动机。小学生的学习兴趣是他们在心理上对学习活动产生爱好、追求和向往的倾向，是构成学习动机中最现实、最活跃的成分，因而也是推动他们探求知识的一种催化剂。在教学中教师要注意培养学生广泛的兴趣，当学习活动成为学生乐趣的来源时，他们将不需要或很少需要外来的奖励，而能自觉地进行学习，甚至离开学校以后仍能坚持学习。

（五）利用动机的迁移

动机的迁移是指学生在缺乏学习动力，没有明确的学习目的情况下，把学生从事游戏等其他活动的兴趣和动机转移到学习上来，从而使学生产生学习的需要。有经验的教师常常在小学生缺乏学习动力时，将学生对其他的活动的积极性迁移到学习活动中。

二、激发学习动机

学习动机的激发是指把学生已经形成的潜在的学习动机激活起来，发挥其对学习的推动作用。辅导教师在这一方面需要对学生的任课教师进行技术辅导，具体有以下几方面。

（一）创设问题情境

问题情境是指一种包含深刻问题的教学情境，其中包含器材、情节、信息、气氛等要素。通过创设问题情境提出一个或几个学生运用已有的知识经验和方法不能解决的问题，引起学生的探究欲望，从而激发他们的学习动机。

创设问题情境的方式很多，常用的方式有以下几种：

1. 通过讲故事引起学生的想象，在学生头脑中设置情境，并由此引出问题；

2. 通过教具演示或实验演示设置情境并引出问题；

3. 通过组织学生观看教学录像引发疑问；

4. 通过学生动手操作产生困惑引出问题。

数学课中在讲圆周率之前，先布置学生用铁丝围成一个圆圈，量出其周长与直径，用周长除以直径，学生会发现所得商都接近 3.14159，学生就会感到奇怪和有趣，教师由此提出圆周率的问题。在课堂教学中教师应做到以情境吸引学生积极参与，以情境诱导学生探索新知，以情境来激发学生的求知欲，激发学习的兴趣。

（二）适当开展竞赛

竞赛历来被认为是激发人们斗志，引导人们积极向上，克服困难去完成任务，获得优良成绩的有效手段。竞赛组织得当，能有效激活学生潜在的学习动机，调动其学习积极性。为使竞赛能对大多数学生起积极作用，必须注意：①竞赛次数要适当；②选择恰当的竞赛方式，使不同的学生在竞赛中都有获胜的机会；③竞赛后要对不同类型的学生进行开导，避免竞赛带来副作用。

（三）利用学习结果的反馈作用

教师要让学生及时了解自己的学习结果，如看到教师对自己作业的批改结果，知道自己某次考试的成绩，听到教师对自己的评价等，学生知道自己学习的结果就能对自己的学习行为作出评价。学生知道自己的学习有进步，可增强其自我效能感，从而引发进一步努力学习的动机。当然，如果学生知道自己的学习成绩一直较差，就有可能会产生无力感。因而，在教学中要尽量引导学生找出自己的优点、长处，扬长避短，才有利于激发学生的学习动机。

（四）外部激励

教学实践表明，教师对学生的学习行为给予适当的激励是一种有效的动机强化方式，它可以激发学生的上进心、自信心和自尊心，从而激发学生的学习动机。外部激励的手段包括表扬与奖励，也包括责备、批评与鞭策等。外部激励既可以是物质激励，也可以是精神激励，既可实施正强化，也可以实施负强化。一般说来，正强化比负强化更具有激励作用，更能使学生产生成就感。外部激励要区别对待具有不同个性特点的学生，对缺乏自信的学生，应多些表扬；对过于自信的学生在表扬的同时则要尤其重视可能带来的副作用。

（五）引导正确归因

根据韦纳的归因理论，归因不同会引起人们产生不同的心理变化。学生将学习成功归因于自己付出的努力，将学习失败归因于自己努力不够，他们今后就会更加努力学习，并期望着成功，保持着较强的学习动机。反之，学生将学习成功归因于外部因素（如碰到好运气），而将失败归因于稳定的内部因素（如缺少能力），他们往往会认为自己没有成功的能力，无力避免失败，也不去追求成功。在这样的情况下他们的学习动机很弱，同时会产生失落感，学习无助感。归因倾向是后天形成的，教师在教学中应根据学生的具体情况加以培养，引导正确归因，从而激发他们的学习动机。

下面是一个前人的归因理论分析，可以引发学生的思考。

韦纳成败归因理论

成败原因	成败归因维度					
	内外源		稳定性		可控性	
	内部的	外部的	稳定的	不稳定的	可控的	不可控的
能力	√		√			√
努力	√			√	√	
工作难度		√	√			√
运气		√		√		√
身心状况	√			√		√
其他		√		√		√

综上所述，学习动机是学生学习的根源所在，所以，培养学习动机和激发学习动机就显得格外的重要。任课教师是学生学习的引导人，辅导教师需要与任课教师积极地配合，才能达到辅导的效果。

第三节　人际交往辅导

交往是人类特有的需求，通过交往有利于生活和心理的健康。如果交往被剥夺，会使儿童失去安全感，产生抑郁、冷漠、敌意，从而影响儿童情绪及整个身心的发展。当儿童进入学校后，便摆脱父母的"纵向"依附关系，"横向"与同学建立起黑板关系。

让小学生学习社会交际，培养交往能力是小学心理辅导的一个重要内容。从学生交往的现状中可以了解到，学生中间形成交往关系的，有的是因为座位相近，有的是因为性格相同，有的是因为学习刻苦，成绩均好，而交往失败的学生则常常是欺负别人或成绩不良或性格内向等原因造成的。

辅导教师可以采取以下方法对小学生进行交往辅导。

一、改变交往观念

改变小学生自我中心的、片面的人际交往观念，使他们对人际关系有一种积极、全面、正确的认知，这是改善和建立良好人际关系的基础。首先，老师和家长在实施教育时，要让小学生懂得尊重他人，理解他人；其次，在人际交往中运用转换角色的方法，站在别人的立场思考问题，能体会别人的感受；再次，学会欣赏别人，取长补短。教师可以结合具体的交往冲突的例子，引导小学生转换角色，体会对方的感受，冷静地进行自我批评等，使他们不仅仅把人际交往看成是自己单方面的作用，而是同学和伙伴之间的双向互动。

二、避免交往中不良情绪

积极健康的情绪能促进小学生更好的人际交往。对于小学生在人际交往中的不良情绪，教师应不失时机地引导他们按照当时的情境，对自己的情绪加以调控。即通过让他们进行自我反省、自我评估来认识交往中不良情绪反应的不良后果，避免在人际交往中与同学产生冲突。同时，指导他们在遇到人际冲突情境时，如何运用克制、忍让、注意力迁移等方法进行自我调节，缓解自我情绪，避免不良情绪对人际交往的影响。

三、学习交往技能

处理人际关系是能力，也是技巧，它可以通过学习和训练来提高。因此，辅导教师应教给小学生一些基本的交往技巧，并根据不同情况灵活运用。

（一）增加交往频率

增加与同学的交往频率是亲密关系的一个重要手段。因为人只有通过接触，才能了解；只有了解，才能理解；只有理解，才能建立友谊。而交往频率的增加，是增加接触、了解的重要手段。

（二）真诚交往

小学生要学会真诚关心同学，真正为他人着想。只有对人真诚，才能获得真诚。辅导教师需要让学生认同不虚伪，不做作的生活作风，在他人面前真实地表现自己，才能与他人坦诚相处，进行真正的交流。

（三）讲究褒贬的方式

马斯洛的五种需求理论中的一种需求就是尊重。因此，在与他人交往时，应注意尊重他人。批评他人的缺点时要含蓄委婉，不夸大，不使他人难堪；在与别人讨论问题、陈述看法时则要注意谦逊，切忌好为人师，动不动就教训别人；而在赞美别人时，应诚心诚意，实事求是。

（四）聆听他人

小学生要学会聆听。耐心、虚心、会心的聆听，会使人有心领神会之感，而东张西望，心不在焉，不等别人讲完就打断，甚至他说他的你做你的，则使人有"话不投机半句多"之感。如果在交往中还能注意运用一些身体语言，注意交往距离等，则可收到更好的交往效果。

四、与家长配合

小学生人际交往的辅导一定要取得家庭教育的配合，辅导教师应对家长如何培养子女的交流能力提出明确要求。如要让孩子学会与长辈、家人交往。既懂关心又懂尊重，培养孩子与社会上人们交往的能力。做到大方、得体，明辨是非。辅导教师要多与家长联系，主动了解学生在家交往能力的基本情况，讨论家庭中的有关问题，促进家长配合学校抓好学生交往能力的培养。

对于小学生经常出现的人际交往障碍，心理辅导教师应根据不同学生的特点，从情感、意志和心理承受力等方面着手培养，同时训练他们掌握适当的交往技巧，使之正确处理生活中的人际交往，创造一种良好、融洽的人际关系氛围，更好地促进小学生的身心健康和学习生活的顺利进行。

第四节　休闲心理辅导

休闲辅导是指辅导教师帮助小学生确立正确的休闲观念和态度，获得必备的休闲知识和技能，学会选择安排有益的休闲活动方式，从而使自己获得充实而丰富的休闲生活，发展自己的才能与个性的一种教育活动。

一、小学生休闲活动所面临的问题

台湾的女作家三毛曾在她的一篇文章中讲：我带几个侄儿、侄女去野外感受自然，孩子们宁愿呆在车上看画报而不愿下车，还不时催促我赶紧回去，不要错过看动画片的时间。三毛于是发出了"现在的孩子怎么了"的感慨。

三毛的感慨正是现在小学生休闲活动的真实写照。

随着小学"减负"的逐步推行，广大小学生开始从沉重的课业负担中解脱出来，拥有了较多的真正属于自己的、能自主支配和利用的闲暇时间。这将是小学生自由、健康、全面发展与成长的现实土壤。有调查表明，目前我国学生全年在校学习时间已缩减为 190 天左右，假期已达全年时间的 47.12%。一旦拥有了这么多的闲暇时间，小学生如何支配和利用闲暇时间就成了不可忽视的问题。长期以来，由于社会、文化、经济，特别是"应试教育"的影响，目前小学生在休闲活动中还存在诸多问题与不足，主要表现在以下几方面。

（一）休闲时间被占用

资料显示，供小学生支配的休闲时间越来越少。目前的情况是，在小学生本该休闲的时间里，家长大量安排各种课程的学习，有学校任务内的，也有学校任务以外的。小学生只能"听从"家长的指挥奔波于各类特长班、培训班之间，叫苦不迭。

调查发现，每周自由支配时间在 10 小时以内的学生占学生总数的 50％。另一项城市儿童的调查表明，他们每天自由支配的时间只有 68 分钟。"法定"的休闲时间和"实际"的休闲时间之间存在着如此大的落差，说明少年儿童的休闲时间被无情地剥夺。

（二）休闲方式比较消极

许多小学生课余时间很孤独、无聊，不是以看电视、打游戏机消磨，就是在漫画中度过，或者被迫由家长率领着奔波于各类特长班、培训班之间，虽然很忙，但他们并不快乐。现在越来越多的家庭拥有电脑，但小学生使用电脑多是为了玩电子游戏，有些学生长期迷恋电子游戏，荒废学业。这与家长配备电脑的初衷相悖。休闲方式的消极导致小学生的发展及其潜能开发受到诸多束缚和限制。极少数小学生在闲暇时间观看黄色录像、书刊，或者打架斗殴，闹事，甚至吸毒。有关材料表明，当前青少年犯罪有四大原因，其中之一便是有害的休闲活动。

（三）缺乏休闲意识与能力

长期以来，广大小学生总是自觉或不自觉地埋头于学习活动之中，学习及其相关活动占去了他们的大部分生活与心理空间。纵然是拥有属于自己的闲暇时间，他们也不敢或身心放松地投入到休闲活动中去，甚至会怀有一种负疚感，觉得自己是在"不务正业"、"虚度时光"。这正是不少小学生缺乏休闲意识的表现。从事休闲活动，需要休闲主体具备相应的能力、技巧。如下棋，无论是象棋还是围棋，都得有相关的知识、技能；文艺欣赏得具备一定的审美素养。目前不少小学生因为较少从事自主、自由的休闲，导致相关能力缺乏，而缺乏休闲能力又进一步影响了他们的后继休闲活动。

（四）休闲活动不当

积极的休闲方式不确立，消极的休闲活动就会占据主导地位。例如，有些小学生追星达到痴迷的程度，有些小学生泡网吧几天几夜不归家，这些活动会限制或误导小学生的发展，使他们生活在由某些特定的、被幻化了的信息构成的虚拟环境。这与我们所倡导的那种能满足个人需要，丰富、充实的休闲活动是有区别的。此外，有些小学生的休闲活动成人化。成人休闲时常将孩子带在身边跟随他们进行成人化休闲活动，导致孩子缺少与其身心发展相适应的休闲活动。

（五）缺乏休闲氛围

这与学校、家庭和社会各方面都有一定的关系。目前，我们还没有为广大小学生的课余休闲营造轻松、和谐的氛围，更没有为其提供应有的环境和设施。如一般的家庭除了为孩子提供生活保障和学习用品外，家长较少考虑孩子的休闲及相应物品；一般学校都少有供学生休闲的设备和场所；社区更是缺乏运动场、图书馆等设施和场馆了。

以上都是现在小学生休闲中不容忽视的问题。辅导教师的任务就是如何应对这些问题，找出适合的办法来解决。

二、休闲辅导的主要原则

健康的休闲活动必然会积极有效地促进小学生心理健康的发展，那么，在对小学生进行休闲辅导时，究竟应该遵循哪些原则才能达到理想的效果呢？

（一）主体性原则

休闲是个体对闲暇时间的自主、自由的支配与利用。因此，在对小学生进行休闲辅导时应充分尊重他们，重视其兴趣与需要，确保其在自身休闲活动中的主体地位。教师、家长等不能"以己度人"，凌驾于他们之上，要从小学生的实际出发，从其兴致所至的地方入手，设计组织具体的辅导计划与措施，以使小学生的休闲成为真正意义的属于他们自己的能满足其需要与兴趣的活动。为了充实小学生的休闲生活，同样需要社会各方面的引导，但这种引导主要在于创设一种心理氛围，如在校园文化、社区文化中更多地拓展休闲活动的空间，为小学生的自主选择提供广阔的健康发展的天地。

（二）发展性原则

小学生正处于成长与发展的最佳时期，其休闲活动应有助于他们全面发展与潜能开发。通过休闲活动，要使小学生获得高效率利用闲暇时间的技能和技巧，具备一定的人际交往技能、文艺娱乐技能、体育活动技能等。因此，休闲辅导应引导小学生根据他们的兴趣、爱好及成长需要，对休闲的内容、方式等作合理选择与设计，进行积极的休闲，使休闲活动真正有利于他们未来的生活、学习和发展。

（三）娱乐性原则

休闲活动的主要功能之一就是平衡劳逸、愉悦身心。因此，小学生的休闲活动首先应有别于其正规的学习活动，它要能最大限度地消除紧张的学习活动带来的身心疲劳，为其后继学习积蓄力量。通常情况，小学生的休闲活动从其方式、内容以及对小学生的要求等方面都要以不给小学生增加压力和负担为前提，应是生动活泼、情趣盎然的。

（四）随意参与原则

休闲活动应该让小学生在完全自由自在的轻松心态下投入，小学生可以随时开始、随时停止，完全可以无拘无束。辅导教师可以有意识地引导小学生多参与几种休闲活动。

（五）合理安排原则

休闲活动是小学生课余生活的重要组成部分，也是小学生学习之外的一种必要补充与协调。但由于小学生精力旺盛，自控能力又较差，常常会过度玩乐或选择不当的玩乐。所以，教师应该引导小学生学会正确选择休闲方式，合理安排休闲活动时间。

（六）多样性原则

不同年龄阶段的学生，如小学的低、中、高年级学生具有不同的年龄特征，即使是同一年龄阶段的学生，他们也具有不同的个性特点。这要求休闲辅导必须针对小学生不同的特点，丰富多样，因材施教，个别对待。

（七）协同合作原则

开展休闲辅导，要依靠学校、家庭和社会协同进行，相互联系、配合、促进和补充，形成统一的整体，保持教育影响的一致性。

三、常见休闲活动及其辅导

小学生的休闲活动，按其信息传导的方向，可分为接受性休闲活动与表述性休闲活动两类。下面，我们就这两类休闲活动中的常见形式及辅导做一下介绍。

（一）接受性休闲活动

接受性休闲活动是指个体在闲暇时间内进行的，以接收信息为主的休闲活动，它能突破有限的现实与心理时空，让人们自身得到发展，体验生活的乐趣。常见的接受性休闲活动有阅读、收藏、参观旅游等。

1. 阅读

阅读是一种传统的休闲选择。一般，喜好阅读的人大都有自己的兴趣中心，阅读及其材料选择具较强的目标指向性，它对学生的爱好、特长和能力发展具有促进、强化作用。

辅导教师在进行休闲辅导时，应引导小学生结合自己的主客观条件，尤其是爱好与特长，选择相关的阅读材料，如小说、童话、传记、科普文章等。同时，也应给小学生推荐、介绍富有价值与开掘空间的适宜材料。阅读过程中，适时、灵活地进行一定范围的交流，让小学生在与他人共享阅读成果的基础上，深化阅读体验与审美感受，更能因此而满足他们的倾诉渴望、交友需要。最后，辅导时切忌硬性分派任务，归根到底，此时的阅读不是课前预习、课后复习。

2. 收藏

收藏的种类很多，如标本收藏、集邮、剪贴等。收藏的乐趣源于收藏过程，收藏过程中，人们能获得发现的快乐，且具体的收藏能锻炼个体的观察、操作能力和耐心，一件件藏品更能让收藏者从中获得成就感。收藏的过程，也是人们成长的过程，一件藏品或一条信息，往往伴有一个动人的故事。

辅导教师可以首先让小学生了解收藏，然后确定自己收藏的主题；善于发现、选择有价值的藏品；克服猎奇心理。

在小学生对收藏有了一定的了解和经验后，就可以开始进行专题收藏，辅导教师增进他们对特定领域或对象的深入了解和爱好。

3. 参观旅游

旅游按其目的与内容不同，可分为文化旅游、生态旅游、探险旅游、消闲旅游等。休闲辅导时，应引导小学生在明确旅游目的的前提下，储备相关的信息、知识、配备相应的设备，做到有备而游。旅游过程中，要做有心人，对旅游地的自然风貌、历史沿革、文物古迹、风土人情增进了解，正所谓"行万里路，读万卷书"。最后，辅导教师应引导小学生通过旅游，把自己融入自然中去，获得松弛、愉悦身心等移情感受。这当是旅游的高境界了。

（二）表述性休闲活动

表述性休闲活动，是指个体在闲暇时间内自主进行的以发表、呈现自己的休闲所得与成果的休闲活动。它有助于展示个体的存在价值、深化个体的生活感悟。常见的表述性休闲活动有才艺爱好、科技制作、上网等。

1. 才艺爱好

才艺爱好是一种个体围绕自身兴趣、特长而进行的，以发展相关能力为主的特殊休闲方式，如书法、写作、朗诵、歌舞、演奏、绘画等。这类休闲有助于个体素养的提高和特殊才艺的培养，对人的职业选择、人生定向、生活质量等都有重要影响。

对小学生而言，辅导教师可积极倡导和鼓励他们进行这类休闲。休闲辅导时，首先应引导学生在正确认识、了解自己的基础上，为自己确定目标。其次，教师需具备相关技能和素养，与学生有共同语言。再次，辅导时，教师要克服急功近利的思想，才艺爱好，作为休闲方式，其目的重在自娱自乐。

2. 科技制作

科技制作是个体在闲暇时间内，应用所学知识和个人发现，自己动手进行特定物件设计、制作的活动。科技制作有助于学生学用结合，培养其创新思维与能力。休闲中的疑难也会进一步促进学生学习科学文化知识。辅导时，应从三方面进行：一是思维训练，如表象思维、发散思维；二是操作指导；三是智力支持。

3. 上网

上网是近年来兴起的一种新型休闲方式，因其具有的虚拟性、神秘性和表述的开放性等特点，对小学生具有极大的吸引力。上网就其信息的流向而言，具有输出与输入双向功能。但对小学生来说，他们较少上网去查询、获取相关信息、资料，而主要是与网友聊天。因此，我们将其视作表述性休闲方式。作为表述性休闲方式，上网对小学生具有以下主要功能：其一，小学生因学习负担过重和生活时空所限，他们的交友需要较难满足，上网在这方面具有独特优势，它能让网友彼此间天南地北地成为朋友。其二，小学生在学习、生活中积淀了许多烦恼、困惑，平时又难有适当的宣泄途径，上网正是他们宣泄胸中块垒的最佳选择。从这个意义上说，上网是一种积极的心理疏导。但上网也带来一些负面影响，过分沉溺其中，会影响学生的学习与身心健康；网上信息环境良莠并存，小学生缺乏鉴别、选择能力，易受"污染"；会产生交友不慎的消极后果等。

休闲辅导时，辅导教师可引导中小学生正面利用网络，克服自己不良的上网情趣。根据学校、社区、家庭多方面的条件，综合采取有针对性的辅导措施。

综上所述，休闲辅导不仅是小学心理辅导的重要组成部分，也是现代学校教育的一项主要内容。让学生学会学习、学会生活、学会做人，已经成为现代教育的重要目标。休闲辅导培养了小学生健康的生活情趣、乐观的生活态度和良好的生活习惯。这对于小学生将来获得幸福而充实的生活具有潜在的影响，同时也有利于提升他们的个性品质和提高他们的能力，促进他们自由全面地发展。

第五节　自我意识辅导

自我意识是人对自己身心状态及对自己同客观世界的关系的意识。自我意识包括三个层次：对自己及其状态的认识；对自己肢体活动状态的认识；对自己思维、情感、意志等心理活动的认识。自我意识不仅是人脑对主体自身的意识与反映，而且人的发展离不开周围环境，特别是人与人之间关系的制约和影响，所以自我意识也反映人与周围现实之间的关系。自我意识是人类特有的反映形式，是人的心理区别于动物心理的一大特征。

小学生拥有自我意识，但是这种自我意识还没有完全成形。所以，辅导教师要加强这方面的心理辅导。

一、形成自我概念

自我概念是指个体关于自己的外貌、能力、学业水平、社会接受性等方面品质特征的自我知觉和认识。研究表明，小学生的自我概念可能比幼儿的低。这可能是因为进入小学后经历了许多来自学业和人际交往的新挑战。

学校给小学生许多与同伴比较的机会，如学业成绩、身体技能、受同伴欢迎程度等，以至他们的自我评价逐渐变得更加现实了。但并不是说，小学生一旦形成低自我概念，他们将始终认为自己非常差。当环境有显著的改变，学生经常体验到成功时，他们就可形成恰当的自我概念。

辅导教师可通过以下方法帮助小学生形成自我概念：

（一）全面了解自我

要想形成自我概念，辅导教师首先要让小学生对自己有一个清晰的认识，下面是一个团体心理辅导中的一个了解自我的环节，分为四个步骤。

第一步，每人发一张纸，写上自己的姓名、性别、年龄，再写出 20 个最能说明自己特征的形容词。如果学生当时想不出那么多形容词，辅导教师也可出示预先准备的一些形容词供学生参考。

第二步，小组内交流。小组成员互相交换纸张，在自己认为符合此人特征的形容词前打"√"，并补充其没写出来的特征。

第三步，把自我观察和同学的评价结合起来，重新写出 20 个"我"的形容词。

第四步，自我分析。把令自己满意的特征用彩色笔圈出来，并在自己不满意的特征旁边写上所期望的理想状态。

附：关于"我"的形容词

有恒心的	顺从的	冲动的	有谋略的
爱争辩的	冷漠的	理性的	害羞的
有主见的	缺乏想象的	文静的	富有想象的
有条理的	开朗的	被动的	善解人意的
直觉的	追根问底的	活跃的	有责任心的
体贴的	助人的	好奇的	擅言辞的
友善的	好交际的	依赖的	乐观的
理想主义的	固执的	独立的	刚毅的
具体的	富创造的	合作的	爱冒险的
聪明的	慷慨的	浮躁的	坦率的
有说服力的	实际的	保守的	情绪化的
防御的	自信的	爱动脑筋的	天真的
温柔的	有同情心的	周到的	含蓄的
不重实际的	精确的	拘谨的	沉着的
爱反思的	喜欢表现的	高效的	节约的
有野心的	悲观的	真诚的	细心的
快乐的	有礼貌的	性急的	懒散的

（二）关注自我进步

如果学生看到自己正在进步，并且获得了越来越多的知识和技能，他们将对自己的成功保持乐观。如果他们看到自己的表现无法与同伴相比，他们可能就不会很乐观。因而，为了帮助学生发展积极的自我概念，辅导教师应该适当减少竞争，适当减少学生相互间不合时宜比较的情景，着力指导学生把当前的"自我"与过去和将来的"自我"，相比较以进一步认识自我。一方面鼓励学生超越自我，不满足于现有的成绩；一方面引导学生去实现自己能达到的目标，帮助他们逐步做到既不妄自尊大，也不妄自菲薄。

（三）正向反馈

学生总是在人与人的交往中不断从他人那里得到反馈，根据他人对自己的评价和态度逐渐形成自我概念。特别是小学生，他们的自我概念通常与别人对他们的认识相似。例如，小学生对他们学习能力的认识与他们的任课老师对他们的智力和能力的认识相似；小学生对自己在社交能力的概念也来自他们受同伴欢迎的程度。

辅导教师承认并表扬学生取得的成功，就是对他们的鼓励；教师指出学生当时能做什么或不能做什么，就是反馈的建设性。一般来说，反馈包括批评和表扬。如果教师只给予表扬，尤其是对学生的表现给予过分夸张、不切实际的表扬，学生将意识不到他们哪些方面需要改进，也就不能形成恰当的自我概念。实际上，偶然的批评也能促进学生的自我概念，只要这种批评传递了教师对学生应该能做得更好的期望，并提供了怎样改进的指导。

（四）多鼓励学生

辅导教师可以通过引导学生写作关于他们在学校最喜欢和最不喜欢的活动的短文，了解学生的兴趣爱好。在此基础上提供给学生较多从事他们喜欢的活动的机会，并且当学生在这些感兴趣的活动领域做得很棒时，及时地给予表扬和鼓励，帮助学生运用自身的活动成果，进一步认识自我的能力，发现自我的价值。

二、形成自尊

自尊是一个人对自己价值的判断和感觉，是一个人认为自己有价值，并珍爱自己、尊重自己的程度。

自尊是人的高层次需要，人人都希望被他人尊重，被自己尊重。那些对自己评价较高、喜欢自己的所谓高自尊的人，面对失败会倾向继续努力。那些经常对自己沮丧失望的所谓低自尊的人，更倾向于体验焦虑和孤单，对生活失去信心，严重的甚至会自杀。

培养学生的自尊，辅导教师应该努力做到以下几点：

（一）基本的尊重

每个孩子在成长过程中都会体验喜怒哀乐，他们从内心希望自己的情绪得到表达和理解。教师都应该尊重学生自己的感受，都应该对学生的感受表示理解和关心，不要轻易对他们的行为进行主观臆断或者试图改变。例如，当学生表露出生气的神情时，教师可以选择一个合适的时候对他说"你的声音听起来好像在生气"，鼓励学生把心里话说出来。当学生上课十分烦躁，教师可以对他说："你是不是感觉自己心情很不好？想跟老师说吗？"当学生相信老师关心他们的感受，愿意倾听他们的内心时，学生的自尊就会得到提升。

（二）积极的鼓励

每个学生不论他们优秀还是落后，四肢健全还是身体有缺陷，都需要教师和父母给予热情鼓励和悉心呵护，使他们拥有喜欢自己的心态。每个学生的性格特质不同，但没有好坏之分。教师应该做到尊重学生与众不同的特质，善于欣赏学生，切不可把学习成绩好坏看成衡量学生的唯一标准。在学校，教师鼓励学生参加与他们能力匹配的课外活动，例如音乐兴趣小组、学生会、运动会、读书会等，自尊程度低的学生在自己擅长的活动中得到补偿，他们的自尊将得到提高。

（三）积极的社会比较

一个人的自尊水平很大程度上是通过社会比较获得的。辅导教师在对小学生进行社会比较时，一定要选好比较对象，想方设法通过比较提高学生的自信。另外，辅导教师需与学生的任课教师进行沟通，避免在教室里大肆张贴期中、期末考试的"红白榜"，应该让学生明白，成绩和名次并不是我们的唯一追求，掌握知识和技能才是学习的真正目的。必要时可以只让学生进行自我比较，当学生发现自己在原来基础上确有进步时，就会有信心用每天的进步不断超越自己，从而进行积极的自我暗示，"我能行"，"经过努力我会做得更好"。

三、形成自信

自信是人们对自己的积极感受，是对自己的认可、肯定、接受和支持。一般来说，自信的学生有以下特征：有求知欲和好奇心，渴望能通过学习获得知识，喜欢接受挑战，能很快把注意力集中在某件事情上，能从容地面对失败和错误，把失败和错误看作是促使学习进步的途径，能够容忍别人对自己的批评和指责，喜欢挑战自己的极限而不是和别人竞争，能够正视自己的优点和缺点，能够从学习中体会到乐趣等。

（一）赞赏学生

赞赏是一种美的熏陶，所有学生都希望得到赞赏，小学生更是如此。当然，赞赏必须真心诚意，不能虚情假意或矫揉造作、言过其实或空洞不实。不少教师常常略去对学生应有的赞赏，这对学生确立自信极为不利。坚持自然而然的表扬，有助于提升学生的自信。即使对后进生提出改进的意见，最好也应先赞扬一下该生的优点，让学生感觉到教师的真诚和关爱。例如："你团结同学，尊敬老师，热爱劳动，关心集体，作业本上的字写得很端正，这很好，但老师希望你变得再勤奋些，坚持认真及时地完成作业，这样你就能取得好成绩。"

（二）改进教学

1. 和谐师生关系

在教学中采用恰当的方式与学生平等相处，努力构建一种互相支持、互相理解的师生关系，在师生间形成一种良好的合作氛围，就容易收到"亲其师，信其道"的效果，这样可以使学生以一种比较轻松的情绪状态投入学习，提高学习效率，增强自信。

2. 集体感染

每个人都渴望得到他人的积极评价。如果个体受到集体的尊重，就会体验到一种精神上的满足，从而也就提高了自信。因此，教师在教学中应努力建立良好的班集体，使每个学生都有在集体中展示自己才能或特长的机会，并得到班集体及时的认可和赞许。鼓励同学之间相互尊重、相互欣赏、相互激励，从而利用集体的力量培养学生的自信。

3. 因材施教

因材施教就是承认学生的个别差异，从学生的实际出发，对不同的学生采用不同的教学途径和方法，使优秀生和后进生都能在原来的基础上获得新的成长和发展。无论是优秀生还是后进生，都可能各有所长，各有所短。教师应该正视学生的个别差异，允许并鼓励学生发展自己的爱好和特长，尤其是对后进生更应如此。

4. 自我比较

相互比较，排出名次，只能促进成绩优秀的学生自信，而对成绩较差的学生则极为不利，因此应该注重开展自我竞赛。实践证明，开展自我竞赛有利于保持学生的自信，特别是当学生处于低潮时，充分运用自我比较手段，有利于保持和提升学生的自信。

5. 归因训练

许多研究表明，如果学生对成功进行外控的归因，就会降低他们的自信。指导学生在成功时多进行能力和努力归因，失败时多进行努力归因，有利于个体自信的发展和个体潜能的自我发挥。

第六节　生涯辅导

生涯辅导的目标是让小学生热爱劳动，培养劳动习惯，树立正确的劳动观、价值观、择业观，使小学生更好地了解自己的兴趣和能力，帮助小学生了解社会上的各种职业，帮助学生协调个人志愿与社会需要的关系，学会确立职业意向，提升生涯决策能力。

一、生涯辅导的原则

（一）面向全体学生

由于生涯辅导的根本目的是促进每个人生涯的发展，所以它是面向全体学生的，而不局限于部分寻求帮助和指导的学生，只有这样才能真正发挥生涯辅导的作用。在快速发展、复杂多变的社会里，每个人都有生涯发展的需求与困惑，所以只有面向每个学生，促进每个学生的发展，才能实现人的发展与社会的发展的统一。

（二）进行全程辅导

人的生涯发展是一个持续的终身发展的过程，绝不是到了毕业或选择工作时才有这个需要，从幼儿开始，就应关注他的生涯辅导了。只有从小开始认识生活中的各种角色，培养适当的生涯观念，才能实现生涯发展的目标，所以学校的生涯辅导，要贯穿在一个持续的过程中。

（三）尊重个体差异

在一个不断进步与多元化的社会里，每个人都有他存在的价值，都有他们的个性特点与不同爱好，所以生涯辅导要尊重人的个体差异，不要以一个标准来看待个体的发展，使每个人在社会上能"人尽其才"，享受充实和快乐的人生。

（四）增进自我了解与开发潜能

如果说人的潜能的充分开发和自我实现是生涯辅导的终极目标，那么了解自我则是实现自我的前提条件。生涯发展从本质上说是帮助个体自我成长的过程，是帮助个体在其独特的能力、兴趣、价值倾向基础上，协助他们认识和理解自身特点、提升自我概念，直至发展、探索和开发自己潜能的过程。

二、生涯辅导的实施方法

（一）模拟个案研究

在模拟个案研究中，要求被辅导学生投入某种情境，认同其中某一角色，了解、体会、思索问题解决。它要求被辅导学生以个案研究方式，针对某一被辅导学生的情况，分析其问题背景，并为其考虑各种可能的解决途径。整个过程使被辅导学生犹如身临其境，能促使被辅导学生从客观的立场学习整个问题解决与作决策的过程。模拟个案研究的过程如下：

1. 开始

辅导教师介绍问题解决与决策技术，让被辅导的学生了解并练习作决定的方法与过程，待有初步基础后，即正式开展活动。

2. 说明

辅导教师向被辅导的学生说明"个案"的各种情形及活动的目标、内容。

3. 收集资料

辅导教师准备"个案"时，应注意提供和引导学生收集下述资料：存在与问题；达成的目标；影响个人生涯发展的因素，如家庭、个人的能力倾向、兴趣、经验、身体状况等；环境资料，包括各种相关职业和教育环境；学生的生活形态、发展方向。

4. 研究

辅导教师将"个案"的所有资料提供给全体学生，由他或他们自行进行个案研究，辅导教师可以补充资料，并协助、引导被辅导学生或成员寻求正确的研究方向，掌握分析的方法。如果是团体心理辅导，每位小学生都要做出研究报告，说明他的想法，并阐述理由。

完成作业后，被辅导学生各自分别提出报告，并与其他成员分享作决定的经验，辅导教师对被辅导学生提出的方法及经验的优缺点和特色，提出讨论。

（二）情境模拟

情境模拟就是让辅导教师能营造出一个与工作环境类似，但充满学习与个人发展气氛的环境。这个环境的营造使得被辅导学生能适应其所处的组织环境。

在情境模拟的过程中，辅导教师除了要了解被辅导学生的家庭、文化的背景外，还要求学生进行自我分析，并且在情境模拟中能有所改变。有时辅导教师还要与学生的其他有关人员，如家长、教师、同学等沟通，了解他们对被辅导学生的期望，以便安排适宜的环境，协助学生的生涯辅导，共同促进学生的生涯发展。

（三）职业家族树

家族成员对个人职业选择乃至生涯发展都有深远的影响，职业家族树即以图画方式，刺激被辅导学生评估家族的影响，促进小学生对生涯有一个清晰的认识。其操作步骤如下：

1. 在树梢处填上个人爱好的职业（可填几种）。

2. 将家族中各人的职业分别填入树的支干上（各支干代表家族成员，标出称谓）。由于各人职业可能有所变动，因此可同时填上目前的职业与先前从事过的主要职业，并将与自己有密切关系的重要人物圈起来。

3. 将家族人员职业的共同特点填于树根处。

4. 辅导教师与学生共同讨论"职业家族树"。可以从下列问题把讨论引向深入：对家族中各人的职业有何感觉（骄傲、尴尬、羡慕、不屑等）？如何知道他们希望自己选择何种职业？在兴趣、能力、体能、外貌等方面，自己与家族中谁最相似，他们从事的职业与自己的偏好有何关连？自己的家庭对工作上最感满意的是什么（如休闲时间、生活条件、家庭气氛等）？家族中哪些工作习惯与特质构成满意（或不满意）的因果关系？

5. 经过上述讨论，辅导教师可以进一步引导学生探讨各人各种职业的优点与缺陷（如普通的职业对个人与社会的正面价值，或高层次职业的负面影响等）。

（四）价值澄清法

一个人进行生涯选择时，其价值观是很重要的决定因素，所以必须注意价值观念的澄清与确定。价值澄清的范围可涵盖个人生活、学习、工作各个层面，诸如生活方式的检讨，过去经验的整理，未来发展的方向与目标等。

1. 价值澄清的步骤

一般而言，价值澄清要经过下述七个步骤：

（1）自由选择

一个人的价值观必须让个人自由选择，经过自由选择而确立的价值观才能真正起到引导个人行为的作用。

（2）辨别不同的价值观

辨别与问题有关的价值观以及其他可能有关的价值观，整理每一种价值观及其可能对选择产生的后果。

（3）对各种价值选择产生的后果三思后作抉择

一个人感情冲动时，大脑欠冷静，这样贸然选择的价值观，不能代表他的真正价值观。一个人只有对各种不同价值选择的后果经过认真考虑和衡量比较后作出的选择才是有意义的选择，才能具有真正的价值观。

（4）重视和珍惜所作出的选择

一般来说，我们对自己认为有价值的东西都会重视和珍惜，会以它为荣。只有为我们所重视和珍惜的价值观，才有可能成为我们真正价值观的一部分。

（5）公开表示自己的选择

如果我们的选择是在自由的环境中经过自己的认真思考做出的，而且我们非常重视和珍惜它，那么，当有人问起时，我们会很自然地对外公开宣布。

（6）根据自己的选择采取行动

一个人的价值观能左右他的生活，能对他的日常行为产生举足轻重的影响。如果一个人认为某种东西有价值，就会非常乐意地为之付出自己的时间、精力、金钱以至生命，去尝试、去实践、去完成或者拥有它，百折不挠、锲而不舍。

（7）重复根据自己的选择所采取的行动

如果一个人的某种观念、态度或兴趣已经上升为他的价值观，那么，他就会在各种不同的时间与场合一而再、再而三地表现在行为上。价值观将长久地支配着人们的行动。

2. 价值澄清的方法

价值澄清的方法很多，辅导教师应和学生共同讨论并选择一种适当的方法进行辅导。

（1）澄清反应

它是价值澄清法中最基本、最主要的方法，指辅导教师根据被辅导学生的所作所为、所说所感，运用适时、适地、适人的语言，引发学生的行为动机，刺激被辅导学生的思想，在不知不觉中进行一番慎思明辨的内省，从而澄清其价值观。

（2）价值表决

事先由辅导教师拟定，并向被辅导学生提出一套关心的问题，让学生表明自己的意见和作出选择。

（3）价值排队

就是让被辅导学生在几种事物之中，按其认为的重要性为它们排名次，并说出这样排的原因。人们在日常生活中常常遇到这种必须作选择的情境。排队法就是为学生提供这种选择的机会，使学生通过对各种情况的衡量比较，分出优先次序，从而进一步明了各种事物的价值，并且公开表示自己的选择。

（4）公开提问

就是由辅导者直接提问，让被辅导学生公开回答辅导者的问题。

（5）魔术箱法

魔术箱的目的在于帮助被辅导学生认真回顾和思考他所珍视和痛恨的

东西，从而进一步形成正确的价值观。辅导教师可告诉学生，魔术箱是一个可大可小、伸缩自如的箱子，它装着许多人想要的各种各样的东西，包括肉眼看得到和看不到的东西。然后，向他们提出一些问题，诸如：你想从魔术箱中拿出什么送给妈妈？你想拿出什么送给爸爸？你想拿出什么送给要好的朋友？你想拿出什么送给世上的穷人？你最想要的东西是什么？你最不想要的东西是什么？你认为世界上最不好的东西是什么？

（6）展示自我法

展示自我的方法是提供被辅导学生一个自由发言的机会，让他把和自己有关的事情讲出来给大家听，借此机会公开和珍视自己的价值。

第四章　小学团体心理辅导

本章主要为广大心理辅导教师介绍小学团体心理辅导的知识，内容包括概况、辅导目标、辅导方案、实施过程和辅导评估。以往心理辅导的经验表明，团体心理辅导是发展小学生心理的最好途径，效果显著，影响深刻。通过团体心理辅导，小学生建立了正确的心理认知，表达积极的情绪，显现良好的行为。辅导教师可以在今后的工作中多采取团体心理辅导的方式，顺应了时代的发展，同时更好的锻炼了自己。

第一节　团体心理辅导的特点和功能

一、何为团体心理辅导

团体心理辅导是指在团体情境中向其成员提供心理帮助与指导的一种心理辅导方式。相对于个别辅导，它是以团体为对象，通过人际关系的力量，达成一种内部的互动，促使个体在交往过程中通过观察、学习、体验，认识自我，探讨自我，接纳自我，调整改善与他人的关系，学习新的态度与行为方式，充分发挥自身的潜能和优势，以发展良好的生活适应的自助及助人的过程。

著名心理学家罗杰斯认为，每一个人都具有发展自己、促进自身成长、迈向自我实现的内在动力，而人格的成长与改变需要一种良好的人际关系（尊重、信任、平等、协调）为条件。没有这样的一种良性的信任关系，助人行为也就无法真正地实现。团体心理辅导正是通过这样一种人际关系的互动达到其辅导的目的。

团体心理辅导是心理辅导的一种重要形式。目前，团体心理辅导被广泛运用于学校、企业、军队、社区、医院等自然有团体机构的心理健康教育和心理素质提高培训及其他活动之中，发挥了很好的作用。过往的经验和实践证明，学校的教师尤其是专职的辅导教师，在日常对学生的教育工作若能很好地掌握和运用团体心理辅导的方法和技术，可以很好地帮助辅导教师的工作，完成工作目标。

二、团体心理辅导的特点

相对于个别辅导，团体心理辅导有其自身的特点，可以总结为效率高、影响广和效果佳这三点。

（一）效率高

多个为共同目标而来的成员聚在一起作为团体进行活动，可以节省大量的时间和精力，也可以满足人们对心理辅导不断增加的需要。与个别辅导相比，个别辅导是领导者与来访者一对一进行的帮助指导。每次辅导面谈需要花 50 分钟到 1 小时的时间，而团体心理辅导是一个领导者同时与多个成员的互动。不仅节省辅导的时间与人力，符合经济的原则，提高了辅导的效益，可以缓解心理辅导人员不足的矛盾。而且，人在团体中接受辅导还有间接学习的价值，成员们既有机会听到和自己类似的忧虑，也可以通过观看他人怎样解决个人的问题而受到启发，可以学到更多的东西。

（二）影响广

对每一个团体成员来说，都存在多个影响源。参加团体心理辅导最有价值的地方是，在团体中不论交流信息、解决问题、探索个人价值观，还是发现共同情感，同一团体的人都可以提供更多的观点和资源。每个团体成员不仅自己接受他人的帮助，同时学习模仿多个团体成员的适应行为，从多个角度洞察自己，也可以成为帮助其他成员的力量。当多个成员聚集在一起时，他们会发现自己的困扰并不是独一无二的，许多人拥有类似的担忧、想法、情感和体验，这种体验对克服困扰非常有帮助。而且，在团体情境下，成员之间的互相支持、集思广益及共同探寻解决问题的办法等，客观上减少了对领导者的依赖。

（三）效果佳

团体心理辅导创造了一个类似真实社会生活的情境，为参加者提供了社交的机会。团体是社会的缩影，成员在团体中的言行往往是他们日常生活行为的复制品。在充满安全、支持、信任的良好的团体气氛中，成员通过示范、模仿、训练等方法，参加者可以尝试某些新技巧和行为。如应聘面试、交朋友、沟通、自我表达等。练习这些相互作用和技巧将促进成员更有效地生活。如果在团体中能有所改变，这种改变会延伸到团体之外的现实生活中，容易迁移到他们日常生活中去。

三、团体心理辅导的功能

团体心理辅导的功能主要有四个：教育、发展、预防和治疗。下面逐一介绍。

（一）教育

社会生活中一项重要活动就是人际交往，通过人际交往，人获得情感的满足或知识的增加。所以，每一个人都需要培养人际关系技巧，提高人际交往能力，建立和谐的人际关系。

团体心理辅导达成了这一目的，它是一个通过成员相互作用，来协助他们增进自我了解、自我抉择、自我发展，进而自我实现的一个学习过程。团体心理辅导的过程还有助于培养成员的社会性，学习社会规范、适应社会生活的态度与习惯，以及互相尊重、互相了解、少数服从多数的民主作风，促进成员全面发展。

（二）发展

每个人都会不断遇到困难，如果能克服一些不可避免的困难，人便获得心智成长。

团体心理辅导强调发展的模式，试图帮助被辅导学生得到充分发展，扫除其正常成长过程中的障碍。团体方式的活动，不但可提供成员必要的资料，改进其不成熟的偏差态度与行为，而且能促进其良好的发展与心理成熟，可以培养成员健全的人格及协调的人际关系。

（三）预防

团体心理辅导是预防心理问题发生的最佳策略。在团体中成员可以学习了解自己、接纳自己、了解别人、接纳别人，满足归属感和互谅、互助、互爱的需求。成员之间通过彼此交换意见，互诉心声，探讨目前的问题和今后可能遇到的难题，及其可行的解决方法，增进对问题处理能力的培养，可以预防心理问题发生和减少心理问题发生的概率，增进个体心理健康。此外，团体中通过帮助他人改变也有助于自身成长和防患于未然，达到预防心理障碍产生的效果。

（四）治疗

对有特别心理问题的人，通过团体特有的治疗因素，如团体中所提供的支持、关心、感情宣泄等，可以协助团体成员改变人格结构，增强自觉，使他们达到康复的功能。例如，在团体中，个人的问题或困扰可以通过一般化作用而勇于面对，通过澄清与反馈获得了解，通过净化作用与洞察获得疏解。

团体心理辅导可以在具体目标的引导下，实现其具体功能，辅导人员应以实际为主。

四、团体心理辅导的分类

（一）按计划分类

1. 结构性团体心理辅导

结构性团体心理辅导是事先充分计划安排好辅导目标和辅导内容，然后按照一定的程序步骤来实施的团体心理辅导。在结构性团体心理辅导中，团体成员各自的角色明确，身份确定，尤其团体领导者的角色和作用突出，担负着引导团体心理辅导开展的任务，起着指导性的作用。各团体成员通常在领导者的引导下参与团体心理辅导活动，其学习的内容范围和方向通常限制于实现计划好的主题和结构，而整个团体心理辅导过程的程序步骤、气氛也通常被事先设计好，例如开始以暖身活动切入，营造良好的团体氛围，而后再由浅入深地逐步展开学习内容，以确保团体成员得到最好的学习效果。

结构性团体心理辅导的优点是通常能够较快地让参与者融入团体，减少参与者的焦虑紧张等不良情绪，在一定程度上提高团体心理辅导的效率和成功率。但是团体成员的自主性和自由度受到一定限制。因此结构性团体心理辅导更适合心智尚未完全成熟的青少年团体，是中小学团体心理辅导中的主要类型。

2. 非结构性团体心理辅导

非结构性团体心理辅导不采用预先计划安排好的固定内容和程序开展

辅导。非结构性团体心理辅导的弹性很大，不仅辅导内容和步骤没有任何限制，完全依赖团体成员彼此的互动来自由地引发出任何可能的学习内容和材料，而且团体成员的身份和角色也不明确固定，任何人都可以提出自己的观点、建议来影响团体学习的内容和方向，团体领导的作用并不突出，只起着非指导性的催化、支持作用。非结构性团体心理辅导有利于充分发挥团体成员的自主性，但是存在一定的失败的风险性，通常适合于年龄稍长、心智更为成熟、人际沟通能力更强的团体，因此，它在中小学团体心理辅导中运用不多。

（二）按成员构成分类

1. 开放性团体心理辅导

开放性团体心理辅导的团体成员不固定，团体成员的加入或者退出完全由成员自己的需求和个人情况决定。开放性团体心理辅导最大的特点就是人员流动性大。也正是由于人员流动频繁，可以给团体带来更多元更频繁的刺激，使团体成员接触面更为广泛，学习的知识和机会也更多，但由于过于频繁的人员变动不利于团体凝聚力和团体信任度的提高，也影响团体心理辅导效果的稳定性，因此它并不是中小学团体心理辅导的主要类型。

2. 封闭性团体心理辅导

封闭性团体心理辅导与开放性团体心理辅导相反，其团体成员从团体心理辅导开始到结束都保持固定不变，团体成员间的熟悉程度高，团体凝聚力和信任度也相对较高，团体成员更容易产生归属感。封闭性团体心理辅导有助于培养团体成员的人际信任感和团体归属感，并且有着相对稳定的辅导效果，比较适合中小学团体心理辅导，是中小学团体心理辅导的主要类型。

除了上述介绍的两种分类方法，团体心理辅导还可按功能分为发展性团体心理辅导、训练性团体心理辅导和治疗性团体心理辅导；按成员背景分为同质性团体心理辅导和异质性团体心理辅导；按成员参与动机可分为志愿性团体心理辅导和非志愿性团体心理辅导；按团体心理辅导理论可分为精神分析团体心理辅导、行为主义团体心理辅导、认知——行为团体心理辅导、会心团体心理辅导和心理剧团体心理辅导等。

第二节 小学团体心理辅导概况

一、何为小学团体心理辅导

小学团体心理辅导，顾名思义，是针对小学生开展的团体心理辅导。相对于一般的团体心理辅导，它的目标群体是小学生，所以要根据小学生的身心特点与辅导需要出发，设计出适合小学生的团体心理辅导，运用团体心理辅导的各种技巧，解决小学生可能存在的问题，促使学生共同成长，最终实现辅导教师的目标。

教育部最新的调查结果显示：影响小学生心理健康的三个主要方面分别是人际关系、情绪状态和自我控制。另据调查显示，20%的小学生存在各种各样的心理问题。北京市西城区教研中心心理研究室主任、心理教育专家丁榕认为，小学生心理教育和辅导应从以前个别辅导变为团体心理辅导。

北京市教委曾举办过"小学团体心理辅导展示交流会"。在会上，多年从事小学心理教育研究的专家和老师们提出了诸多小学团体心理辅导的方法。他们认为，最重要的方式是开设小学团体心理辅导活动课，但要以学生为主体，让学生在与他人的交往中，通过观察、学习、体验认识自我，学习新的生活态度和行为方式。可以将学生组成书面心理辅导小组，让多个人合用一个笔记本传着写心事，向其他同学倾诉、求助。要进行学生、家长互动式团体心理辅导。

可见，团体心理辅导是心理辅导的一个重要方式。若是辅导教师能很好地将团体心理辅导应用到日常工作中，将会起到意想不到的效果。

二、小学团体心理辅导的种类

根据不同的标准，可以把中小学团体心理辅导分成不同的类型。在这里，小学团体心理辅导主要是按功能分类的。所以我们主要介绍这种分类方法。

（一）发展性团体心理辅导

发展性团体心理辅导，又称为成长性团体心理辅导，它最主要的目的是通过团体心理辅导来促进小学生的心理成长和成熟，激发自我潜能，从而不断提高心理素质，完善心理品质。发展性团体心理辅导是在小学团体心理辅导中运用最为广泛的类型，它注重通过团体心理辅导活动，让小学生的不良情绪得到充分的宣泄，并鼓励其他伙伴提供情感支持来提高全体的归属感，促进小学生探索、自我认识和自我悦纳，同时也增强对他人的认识，从而促进心灵的成长，以更好地适应社会生活。

发展性团体心理辅导适用范围广泛，尤其适用于促进学生的心理成长成熟，开发学生心理潜能，或者提高学生的社会适应能力。具体形式有：自我成长 T 作坊、会心团体心理辅导等。

（二）训练性团体心理辅导

训练性团体心理辅导的主要目的是在团体氛围和团体环境下协助小学生充实生活知识，改变旧的不适应环境的行为，学习并建立起新的适应环境的行为。它与发展性团体心理辅导最大的不同在于：发展性团体心理辅导侧重于促进小学生心理成长的完善，而训练性团体心理辅导侧重的是帮助小学生认识并改变自己的旧的不适应的行为，建立新的适应的行为，它尤其重视小学生人际交往技能的学习和提高。

训练性团体心理辅导的人数一般在 10～20 人之间，形式有人际关系训练团体、身心松弛 T 作坊、人际敏感训练团体等。

（三）治疗性团体心理辅导

治疗性团体心理辅导主要侧重通过团体心理辅导来治疗小学生的某些心理问题，如一些不良情绪（焦虑、抑郁、恐惧等）或者行为异常等，它主要体现了团体心理辅导的治疗功能。治疗性团体心理辅导较为注重团体成员早期经验和潜意识因素的解析，同时利用团体气氛和团体环境能提供的情感宣泄平台、情感支持氛围等治疗性因素来重组小学生的行为，完善其人格。因此，对治疗性团体心理辅导的专业性要求比发展性团体心理辅导和训练性团体心理辅导要更为严格。

在小学团体心理辅导中，治疗性团体心理辅导也是不可缺少的一部分，尤其是对于一些不良行为的矫正、不良情绪的治疗有着重要的作用。具体形式有：悲伤治疗团体、马拉松团体、心理剧工作坊等。

三、小学团体心理辅导的特点

小学团体心理辅导不仅具有团体心理辅导的普遍特点，更具有其特殊性。

（一）辅导目标是小学生

小学团体心理辅导是以小学生为对象的团体心理辅导，因此在组织的过程中，应该充分考虑小学生的特点。在我国现阶段，小学大部分都是以班级为单位进行教学。心理辅导教师在组织团体心理辅导课程时，往往也只能以班级为单位。只有在比较特殊的情况下，才会考虑由不同班级或年级的学生进行随机组合。

（二）辅导过程是长期的

在我国的小学中，由于师资力量有限，很多学校可能都只配备一名团体心理辅导课程教师。这就意味着，同一名教师可能要陪伴学生们走过三年甚至是六年的学习生涯，并不间断地对学生们进行团体心理辅导。这就与一般意义上的团体心理辅导有较大的区别，一般意义上的团体心理辅导往往都是为了解决某一共同问题而组织起来的短期团体，团体维持的时间短，在问题解决后就结束了。因此，一般团体的领导者只需要将注意力集中在当前所要解决的问题上就可以了。由于团体都是短期的，且参加者都不一样，有些活动或者游戏就可以重复利用。

小学辅导教师需要根据学生在某一阶段的身心发展特点来设计团体心理辅导的目标，以符合学生身心发展的规律，并力图使团体心理辅导持续地循序渐进地对学生产生积极影响，促进学生不断成长。辅导教师所要面对的一个大挑战是需要根据学生的年龄和身心发展特点来设计不同的团体心理辅导活动或者游戏，而且不能够重复。

（三）辅导效果显著

一般的团体心理辅导往往是为某一目标而进行的，时间一般都比较短，在这样的情况下，团体心理辅导的效果经常是有限的。小学团体心理辅导是一个持续的过程，可能要持续好几年的时间，而且学生们都来自同一班级，平时朝夕相处，有很好的感情基础。因此，只要辅导教师的方法得当，那么小学团体心理辅导的效果就能够达到一般团体心理辅导所不能达到的高度。

第三节 小学团体心理辅导的目标与原则

一、小学团体心理辅导的目标

团体心理辅导的目标对整个团体心理辅导的过程有指向性的作用，它不仅直接影响着团体的规模、成员的构成、聚会的次数等团体心理辅导过程的设计，而且影响着辅导教师选择相关活动以及带领团体的方式和信心。小学团体心理辅导的目标一般具有四个方面的功能：导向作用、维持作用、聚焦作用、评估作用，即为团体心理辅导指明方向，使小学生坚持不懈地投身到团体中，帮助小学生将注意力集中到团体过程以及检验团体心理辅导是否达到预期效果。

小学团体心理辅导的目标可分为一般目标、特定目标以及过程目标。

（一）一般目标

一般目标是小学心理辅导的终极目标，即为小学生团体解决某种心理问题或帮助其获得成长，完善心理健康。

（二）特定目标

特定目标是指每个小学团体心理辅导与治疗将要达到的具体目标。例如，针对小学生人际交往方面的困扰而组织的"轻轻松松交朋友"，针对小学生厌学情绪问题而组织的"请跟我一起学习"都是特定的目标。

（三）阶段目标

阶段目标是在小学团体心理辅导过程阶段中的目标，较一般目标更为具体化，是一般目标实现的基础目标。

在团体心理辅导的不同阶段，具体的目标也有所不同。团体初期的目标是使成员尽快相识，建立信任感；订立团体契约，建立与强化团体规范，认识保密的重要；鼓励成员投入团体，积极互动；处理焦虑及防卫或抗拒等情绪；及时讨论和处理团体中出现的问题。团体心理辅导中期的目标是增强团体凝聚力；激发成员思考；促进团体成员互动；引发团体成员讨论；通过团体合作，寻找解决对策；鼓励成员从团体中学习并获得最大收益；评估成员对团体的兴趣与投入的程度。团体心理辅导结束阶段的目标是回顾与总结团体经验；评价成员的成长与变化，提出希望；协助成员对团体经历做出个人的评估；鼓励成员表达对团体结束的个人感受；让全体成员共同商议如何面对及处理已建立的关系；对团体心理辅导与治疗的效果做出评估；检查团体中未解决的问题；帮助成员把团体中的转变应用于生活中；规划团体结束后的追踪调查。

二、小学团体心理辅导的原则

小学团体心理辅导是小学心理辅导的一个重要组成部分，因此必须服从小学心理辅导的原则。但是，小学团体心理辅导也有其自身的特点，其辅导对象是针对小学阶段的学生，辅导的时间是长期的，辅导效果十分显著。这些特点决定了小学团体心理辅导也需要遵循自己独特的原则。

（一）发展性目标为主，防治性目标为辅

发展性目标是心理辅导的核心目标，小学团体心理辅导要以发展性目标为主，主要是由其辅导对象决定的。小学生正处于身心不断发展变化的阶段，特别是心理不断发展成长，这让他们很容易遭遇成长中的各种困惑和烦恼，而这些心理困惑和烦恼大部分会随着年龄和心理的不断成长成熟而逐渐得到解决。因此，心理辅导工作就必须坚持在心理成长和发展中解决问题的理念，在实施过程中坚持以发展性目标为主，同时兼顾防治性目标。作为心理辅导的一部分，小学团体心理辅导也同样需要突出发展性目标，通过促进学生的心理成长和成熟，来解决大部分的心理问题。另外，在以发展性目标为主的同时，也需要兼顾预防和治疗的目标，全面提升小学生的心理素质。

（二）系统性和针对性相结合

这是由小学团体心理辅导工作的延续性特点和对象的个体差异性所决定的。小学团体心理辅导是一项具有延续性的工作，需要从小学延续到初中乃至高中，持续时间长达十余年，同时小学生的身心都在不断发展变化中，每个学生的发展速度和水平也各不相同，造成了身心发展的个体差异。这就决定了我们在开展学校团体心理辅导工作时，必须坚持系统性和针对性相结合的原则，既要对辅导的目标、内容有一个全盘的系统规划，针对不同年龄阶段的学生制订相应的阶段性辅导目标和内容，使团体心理辅导具备较好的延续性，同时又要针对不同心理发展水平的学生制订相应的辅导目标和内容，以适应个体间的差异。

（三）问题与经验相结合

小学团体心理辅导是以学生的兴趣、动机、经验为核心的，其目标和内容也应当来源于学生的经验和成长需要。而解决学生在成长中的发展性问题是小学团体心理辅导的重要任务。经验和问题在小学团体心理辅导中相辅相成，一方面，学生心理问题的解决要以经验为中介，另一方面，经验也是学生发现问题的工具。因此，小学团体心理辅导应当把问题与经验紧密结合起来，让学生通过各种形式的团体活动来获得丰富的经验，并引导学生把这些直接经验与自身遇到的问题联系起来，尝试加以解决。学生在尝试解决心理问题的过程中往往又会获得一些经验，从而促进其对心理问题的解决，形成良性循环。

第四节　小学团体心理辅导的方案设计

小学团体心理辅导的方案设计对整个团体心理辅导起着指向性的作用。辅导教师在遵循小学团体心理辅导设计原则的基础下，根据严格的设计步骤，写出一份完整的设计方案，有效地运用到后续的团体心理辅导中。下面就原则、步骤和内容三方面做详尽介绍。

一、设计的原则

小学团体心理辅导的设计是指运用团体动力学与团体心理辅导与咨询等专业知识，有系统的将团体活动加以设计、组织、规划，以便领导者带领小学生在团体内活动，达到团体心理辅导与咨询的目标。

方案的设计和活动的选择需从小学生的特点和需要出发，并考虑所组织团体的目标及期待结果。如能选择适当的活动并加以运用，将会对团体的过程与发展产生很大的帮助。

二、设计的步骤

小学团体心理辅导设计的步骤包括调查研究、确定主题、搜集资料和书写方案并修改四个步骤。

（一）调查研究

辅导教师需了解小学生群体的背景资料和相关问题。可以通过访谈、问卷调查、咨询实践等方式，了解小学生中存在的主要困惑和他们的心理需求，选择小学生群体中普遍存在的问题作为团体心理辅导的主题。应了解辅导对象的身心发展状况，还要有如何促成学生顺利发展的对策思考。

具体说来要重点考虑几个问题：

1. 小学生在不同阶段的正常发展特征、期望、任务和行为；

2. 某一个小学生或特殊团体在某一阶段的发展特征、期望、任务和行为；

3. 小学生发展过程中遇到的问题；

4. 促进小学生健康发展的方法。

（二）确定主题

辅导教师在做完缜密的调查研究后，针对其要辅导的小学生的特征，确定一个尽可能具体的主题，设定一个初步的团体目标，形成对团体的大概设想。小学生心理辅导的内容主要有学习辅导、人际交往辅导、休闲辅导等等，每一类辅导都有其相关的主题和具体目标。主题的确定不仅会影响到活动内容的选择与设计，而且影响到整个辅导活动目标的实施和辅导效果的评估。

（三）搜集资料

辅导教师下一步要搜集和辅导主题相关的资料，方式主要有查阅书籍、文献、杂志等。通过搜集资料这个环节，辅导教师可以加深对问题的了解，寻找对问题的理论解释，寻找设计团体心理辅导方案的理论依据，借鉴其他方案的设计思路。在进行有关辅导活动的设计时，研究、分析特定主题的相关理论是设计是否合理、科学及实施能否取得成效的关键。

辅导教师在搜集资料时，主要注意以下两个方面：

1. 问题的重要性及成因分析；

2. 问题的团体心理辅导策略。

（四）书写方案及修改

辅导教师将所有的想法写成一份详尽的团体心理辅导方案，明确说明主题、目标、对象、活动内容、活动形式、活动步骤等，形成书面计划。下面会讲到设计方案的具体内容。

在写完辅导方案后，辅导教师可以和其他教师一起考虑设计中是否有不够周全的地方，对团体心理辅导方案进行修订和完善。

三、设计方案的内容

（一）团体的名称

团体名称可以包括一个主标题和一个副标题。主标题可以正式一些，表明团体心理辅导的领域和内容。副标题则可以活泼生动一些，可以作为宣传招募成员时的标题，更好地吸引小学生的加入。团体名称要根据具体情况确定，充分考虑小学生理解能力相对较弱的特点。如针对小学低年级学生的团体，名字最好要简洁活泼，像"找啊找啊找朋友"、"游戏大王集中营"等等。团体名称还要注意心理辅导在对象人群中的普及程度，对一些不是太熟悉和接受心理咨询的团体，最好要淡化心理辅导的概念和字眼。总之，名称最好要时尚、通俗、委婉，让大家易于接受，不容易产生心理上的排斥感。

（二）团体的背景和理论依据

任何一个团体心理辅导方案的设计都是有针对性的。团体方案要对本方案的缘起、生活中现存的心理问题和现象及其危害等进行简要说明。同时，要阐述对这些问题和现象的理论解释以及采用本设计的理论依据，辅导教师可以依据咨询心理学的流派，如精神分析、合理情绪治疗、行为主义，也可以依据一些具体的理论和实践，如敏感性训练、学习归因训练等来设计。团体方案依据的理论模式不同，团体的形式、介入处理的原则与具体的实施步骤也就不同。

（三）团体的目标

通常一个完整的团体心理辅导过程包括了一系列的团体活动，在设置团体目标时，要设置三个目标：一般目标、特定目标和具体目标。具体目标设置可以从认知目标、情感目标、行为目标三个角度进行。目标不能太大太泛，要具体、可操作，可以评估目标达成的情况。

（四）团体的性质

不同的团体性质将对团体心理辅导的整个方案设计产生影响。因此，在团体心理辅导方案中，要说明团体的性质，如：是发展性、预防性，还是矫治性的团体？是同质性团体，还是异质性团体？是封闭式团体，还是开放式团体？是结构式、半结构式，还是非结构式团体？

团体的目标、性质和规模直接影响团体心理辅导的效果。因此确定团体的目标和性质必须先了解不同团体模式的特点。

（五）团体领导者

团体领导者在团体中起着引领和带动团体气氛的重要作用，在团体心理辅导方案中应列出团体领导者的基本资料，如领导者与协同领导者的名字、基本经验与培训背景、领导者个人的风格及所擅长的领域等等。

在小学团体心理辅导中，辅导教师一般充当团体领导者的角色。当然，辅导教师也可以根据实际情况物色合适的团体领导者。

（六）团体对象

团体心理辅导方案要明确团体招募成员的要求、报名方式、招募与筛选方式。这些要求包括性别、年龄、身份、心理需求与特征等。报名方式可以有自己报名、同学介绍、教师推荐等多种方式。招募与筛选方式一般有面谈、心理测试、填写问卷等，可适当解释筛选的原因，避免给未能进入团体的学生带来负面心理影响。

（七）团体的规模

团体规模主要根据成员的年龄、领导者的经验及能力、团体的性质与类型、成员问题的类型来考虑。一般小学团体 8～15 人比较合适。同时，要根据领导者的经验和能力进行判断。经验不足的领导者，人数要少一些；经验丰富的，可以适当增加人数，但最好不超过 15 人。封闭性团体的人数最好少一些，开放性团体人数则可以多一些。此外还要考虑团体的内容和深度，治疗性的团体人数要少，才有利于参加者深入了解自己，让领导者更好地进行引导。

团体规模的过小，人数太少，团体活动的丰富性及成员交互作用的范围欠缺，成员会感到不满足、有压力，容易出现紧张、乏味、不舒畅的感觉；团体规模过大，人数太多，成员之间沟通不易，参与和交往的机会受到限制，团体凝聚力难以建立，并且妨碍成员分享足够的交流时间，致使在探讨原因、处理问题、学习交流技能时流于草率、片面、表面，而影响活动的效果。

（八）时间分配

辅导教师需对，如每次活动的起始时间、每次团体活动的持续时间、团体活动的时间间隔等进行分配。时间分配取决于团体的目的和所要解决的问题的性质。总体上看，一个主题的团体活动以 8～15 次为宜，每周 1～2 次，每次 1.5～2 小时，持续 4～10 周左右；成长团体、训练团体、人际关系团体次数可以少一些，一般 10 次左右；治疗性团体的次数可多一些，一般 10～15 次。时间的分配还要考虑团体成员的时间安排，例如要错开上课时间等等。

在小学团体心理辅导的实施过程中，虽然事先规定好时间，但辅导教师不必墨守成规。教师可与团体领导者根据具体的情况灵活掌握。如果发现预定的时间到了，发现有些问题还需要深入，在征得成员同意后可适当延长。也有一些团体领导者在团体开始时并不规定活动时间及间隔，由团体成员视活动情况自行决定。

（九）活动场地

活动场地分为室内和室外。一些深层情感类的团体活动一般在室内进行，使团体成员有一种安全感。一些偏向行为和运动的团体可以在室外进行，如"信任背摔"最好能在沙地或草地上进行，既有足够的空间，也可以保证活动的安全。其次是活动场所的布置、陈设、座位安排、舒适程度、色彩、挂图装饰等，也是要考虑的因素。对团体活动场所的基本要求有：避免太多的外界噪音和干扰；有一定的安全感，能够保护团体成员的隐私，不会有被人偷窥、监视的感觉；有足够的活动空间，不会让参与者感觉压抑；环境要舒适、温馨、优雅，使人情绪稳定、放松。一些特定的活动可能需要特定的设备，如素质拓展的许多活动都需要一些体育设施，心理剧演出需要舞台、音响及其他辅助工具等。

对团体活动的场所的基本要求有：

1. 为避免团体成员分心，也就是要使团体成员在没有干扰的条件下集中精神投入团体活动；

2. 有安全感，能够保护团体成员的隐私，不会有被别人偷窥、监视的感觉；

3. 有足够的活动空间，可以随意在其中走动、活动身体、围圈坐；

4. 环境舒适、温馨、优雅，使人情绪稳定、放松。

（十）活动过程

从团体开始的签订团体契约到团体的每次活动和最后的团体结束，整个过程的活动内容和步骤都要详细列出。每次活动又包括暖身、领导者的引导、主题活动、团体成员的体验和分享、总结等步骤。

（十一）效果评估

这是团体心理辅导的一个重要步骤，通过效果评估，才能了解团体预期目标的达成情况、团体成员的想法和感受、团体活动中的一些不足，便于今后改进。效果评估将在第六节详细说明。

（十二）其他

团体的一些特别的要求、团体所需要的材料和需要学校支持的地方等等，可以在最后列出。

第五节 小学团体心理辅导的实施过程

一、团体心理辅导开始

团体开始时，互不相识的人为了参加团体心理辅导而走到一起。一方面，小学生都很想了解其他小伙伴的背景、问题等等，同时会有点恐惧感、焦虑感，怕不被人接纳，又怕在他人面前出丑。所以，这一阶段的活动最好选取比较简单、容易或表面化的互相认识的活动，以便顺利地带领成员投入团体活动。

初始阶段的活动可以分为静态讨论问题为主与以动态活动为主两类。前者适合于一些解决问题的团体，后者适合于多种类别的团体，尤其适合于小学生。采用的活动有非语言式的交流形式，也有语言交流形式。随着活动的逐渐深入，成员的关系也由表及里，由浅入深，相互认同，相互信任，慢慢形成相互合作的团体气氛。

团体初始的主要活动有热身、介绍、澄清目标和订立团体契约。

（一）热身

在团体开始之初，为克服陌生感，增进成员了解，拉近彼此距离，可用一些热身活动，引导个人参与团体活动的热忱。如座位采取圆形方式，以产生团体动力，使每一成员都能面对面，平等交往。团体可以从唱唱跳跳等活动开始，也可以从非语言的身体运动开始，如"微笑握手"、"无家可归"、"推气球"等。在活动中体会团体的作用，在活动中放下紧张、焦虑和不安的情绪，不知不觉中融入团体。

（二）介绍活动

要使团体发挥功能，必须使成员尽快相识。传统的自我介绍法，常会使人在介绍自己时不自然，而有所保留。若采取交互介绍的方式，就比较能较快地激发个人对他人的认识与兴趣。做法如下：先配对，两人一组，互相说出自己的基本资料外，并说出三个"最"：最喜欢的、最得意的、最讨厌的事物或人，再回到团体介绍刚才配对的新朋友。也可以采用"滚雪球"，从两人组互相自我介绍，然后合并为四人组向他者介绍，再到八人组连环自我介绍。

（三）澄清目标

团体开始时由领导者作简短的开场白，说明团体的性质和目标及进行方式，帮助成员清晰地了解团体的方向，以及可能给自己带来的成长，也协助成员调整自我对团体心理辅导的期望，积极投入团体。辅导教师的角色要从"此时此地"出发，以解除成员的心理困惑。

（四）订立团体契约

为保证团体顺利进行，需要成员共同遵守一些规则。团体开始时，可以要求成员自己讨论团体契约，便于自觉遵守和互相提醒，也可以由领导者提出，得到成员的复议。如准时参加、集中注意、坦诚相待、保守秘密、全心投入等。

二、团体心理辅导过程

根据团体方案，辅导教师会为小学生设计各种团体活动。常用的团体活动形式有：书写练习、绘画练习、阅读练习、手工练习、运动练习、幻想练习、角色扮演等。在整个团体过程中，不同的时间、不同的阶段可以通过不同的团体活动来推进团体发展，以实现团体阶段目标或总目标。例如，增进同学间信任的活动有：盲行、信任跌倒、同心协力；促进团体凝聚力活动有：图画完成、故事接龙、突围闯关；催化自我探索的活动有：我是谁、生命线、自画像、生活计划；加强互动沟通的活动有：脑力激荡、热座、镜中人；团体后期结束活动有：化装舞会、临别赠言、合唱等。

各位成员开始融合于团体之中，但是还有很多的顾虑。此阶段，大多数成员都希望在团体内找到自己的位置。他们通过互相探索、解决矛盾，互相适应来找出他们在团体内互相间的关系。由不认识到认识，再到交心，学习处事、待人的技巧。有的成员还可能从以上的团体经验中发展潜能而有所成长。这一阶段是团体心理辅导与治疗的关键阶段。

三、团体心理辅导结束

团体结束时领导者的任务是回顾与总结团体经验，评价成员的成长与变化并提出希望，协助成员对团体经历做出个人的评估，鼓励成员表达对团体结束的个人感受，对团体的效果做出评估，帮助成员把在团体中学习带来的转变运用到实际生活中。

结束活动的方式可分为三种：

1. 回顾与总结。回想团体做了什么？自己有哪些心得？还有哪些意见？

2. 祝福与道别。成员间用心意卡或小礼物彼此祝福、道别，增进并维持友谊。

3. 计划与展望。讨论今后应做些什么？对未来生活有些什么展望。

团体结束阶段往往容易被忽视。但有经验的辅导教师都会充分而有效地利用各种形式把握结束的时机，使团体心理辅导划上一个圆满的句号。结束阶段的任务是总结团体的成效以及处理离别的情绪。

团体心理辅导按计划完成，团体自然结束是最理想的状态。但有时也有例外。有的团体会遇到一些困难和问题而出现不得不提前终结的情况。如成员对团体失去兴趣，成员间产生了不可调和的纷争，某些成员或领导者因故必须离开团体，这些都可能使团体计划不能完成。这时，必须尽量考虑周到，以防止突然结束给团体成员带来的新问题。

四、案例展示

【案例一】

辅导目标：

1. 能感受小学生活与幼儿园生活不一样的地方，能从心理上主动适应这些变化。

2. 感受与人交往的快乐和班集体生活中"伙伴多"的愉悦，增强自己喜爱学校集体生活的情感。

辅导对象：小学一年级新生

辅导准备：幻灯片星星 KT 板儿歌

辅导过程：

（一）谈话导入

1. 同学们，除了我们和爸爸妈妈组成的家以外，现在我们有了一个新的家，这个家叫什么名字？齐读儿歌《我有一个新的家》。

2. 小朋友们，进入小学已经一个月了，你喜爱我们这个新的家吗？你觉得学校生活和幼儿园有什么不一样？

3. 这些不一样，你觉得好吗？（学生自由谈论，教师随机激发学生的自豪感。）

（二）角色游戏——介绍自己的新家。

1. 情境引入：小朋友们原来在幼儿园一定有许多好朋友吧，现在在不同的学校上学。一天，你的好朋友想来认识一下你的班级，你能当好小主人吗？

2. 让我们先想想该向他介绍什么呢？（班级是什么名称，位置在哪里，教室里有什么等）

角色游戏，一个同学扮演你的幼儿园好朋友，另一个同学向他介绍。

（三）游戏讨论

1. 教师告诉同学："我背后有高兴的、伤心的、生气的三张面具。现在我要抽一张给小朋友们看，请你们猜一猜我会抽到哪一张？"请几个同学猜。

2. 学生根据不同的表情作出不同的原因回答，比如：同学们学习都那么认真，所以很高兴给了笑脸。因为不喜欢上学早起，装病不上学给哭脸。讨厌回家要做作业，少做了作业等等。请同学们来说说你给笑脸和哭脸的不同原因好吗？

3. 学生分别扮演存在的各种行为习惯，其他小朋友当当老师，根据学生表演的内容来做判断（习惯良好，需要奖励他的，请将星星贴在红色的星星 KT 板上；行为不正确，需要老师教育他的，请将星星贴在绿色的星星 KT 板上）。

（四）总结激励，延伸导行

今天，我们班每位小朋友都仔细观察了身边小朋友的各种行为，上学爱哭的，装病不来上学的，都能够进行正误的判断，是一名合格的小老师。但是，老师希望你们不仅知道这样做是对的还是错的，还能在实际行动中坚持对的，改正错的，做一名光荣的小学生。同学们都谈了很多关于学校与幼儿园不同的地方，也把自己的感受告诉了老师，老师非常高兴，相信我们通过小朋友们自己不断的努力，绿色的星星 KT 板上的五角星会越来越少。

五、歌曲结束：

播放《我的家庭真可爱》，边听音乐边拍手。

【案例二】

辅导目标：

1. 通过团体活动让学生体会合作的重要性、合作的乐趣。

2. 培养学生团结协作的精神，增强班级凝聚力。

辅导对象：小学六年级学生

辅导准备：彩笔、白纸

辅导过程：

（一）初步融合

1. 振作团队精神

随机组成 4 个小组：全班围成一个圆圈，按 1、2、3、4 报数，分别组成 1、2、3、4 组，各组起好组名，选好组长。

2. 情景导入

（1）教师要求学生试用一根手指头去拿铅笔，用一根手指头擦橡皮。（行不通）问：怎样才能做到？（需要手指间的合作）

（2）教师要求学生用一只手系红领巾，系鞋带。（学生感到困难）问：

只要我们怎么做就能办到?(两只手一起帮忙)

分享:通过我们刚才简单的游戏你有什么启示?(请学生自由发言)

学生发言后教师出示:原来自己的身上就天天发生着合作啊!

其实生活中很多事情都要通过合作才能成功。今天我们就一起来体验合作的乐趣——团结合作。(板书课题:团结合作)

(二)互动体验

1. 热身游戏:背靠背

过渡:同学们,你们喜欢做游戏吗?(喜欢)咱们先来做一个小小的热身游戏,看看哪个小组的同学做得最好。

(1)介绍游戏规则:坐在地上,手拉手,背靠背,铃声一响立刻站立,做得快又整齐的组为胜利组。

(2)学生按要求进行"背靠背"的活动。

(3)说说感悟。

(设计意图:让学生通过"背靠背"这个看似简单的游戏,初步体验到团结合作带来的快乐情感,消除紧张的情绪。)

2. 合作绘画,共同创作

小组共同合作完成以下任务:

(1)以"合作"为主题,创作一幅画。

(2)小组讨论3分钟。

(3)组员每人限画1分钟,轮流接力完成图画。工具不限。组员可提供意见、做准备但不可代画。画上要有全部组员的签名。

(4)小组选出代表解说作品。

组员分享心得。(可自由提问)

活动分享:合理分工,真诚互助,合作才能成功。

3. 解开千千结

(1)各小组成员拉起手围成圈,记住自己的左右手拉的是谁的手;

(2)松手在圈内自由走动,指导者喊"停",站立不动,再拉起原来的左右手,打成结。

(3)在不松手的情况下,恢复到原来的样子。

（4）两小组合并成一组，再进行。

团体分享感受。

活动分享：合作才能成功；当有分歧与矛盾时，只有共同努力才能解开心结，化解分歧与矛盾。

（三）统整反思

过渡：同学们，刚才我们亲身体验了几种游戏。在每个游戏中，大家都能积极参与，全情投入，用心体验，有突如其来的惊喜，也有执着坚持后的收获；有成功的快乐，也有失败的辛酸。此时此刻，相信同学们一定有很多的话要说，有很多的感受要和同学分享，下面就让大家一起敞开心扉、畅所欲言吧！

（分享提纲：你从前玩过类似的游戏吗？亲身参与后有什么感受？哪个游戏或哪个环节令你印象最深刻、最难忘？游戏时，你和组员合作得怎样，感觉怎样？这些游戏对你有什么启迪？）

1. 小组感悟。

2. 个别汇报。

过渡：团结合作不只局限在游戏上，更主要的是落实在日常的学习、生活和工作中。那么你能谈谈今后在日常的生活、学习、工作中要怎么做到与别人团结合作吗？

（设计意图：说说此时此景自己心里的感受，与全体同学一起分享，进一步认识到合作的重要性、合作的乐趣，体验成功与失败，收获成功的自信和失败的启迪。进而由活动延伸到平时学习、生活中有哪些事需要与他人分工合作完成，进一步明确合作的方法，培养学生的合作意识和能力。）

（四）总结提高

同学们说得真好，合作在生活中确实无处不在，生活中许多事都需要我们共同合作才能取得成功。团结石成玉，合作土变金，学会了合作，也就学会了成功的秘诀！（相机板书：团结石成玉，合作土变金）

通过这次活动体验，我们班的同学更应该珍惜和别人合作的每一次机会，你们说对吗？最后，老师送你们一句话：学会与人合作吧！这将是你踏上成功之路的捷径。

第六节　小学团体心理辅导的评估方法

　　团体心理辅导的评估对于团体心理辅导十分重要，是指通过不同的方法，收集有关团体目标达成的程度、成员在团体内的表现、团体特征、成员对团体活动的满意程度等资料，帮助团体领导者及团体成员了解团体心理辅导的成效。团体心理辅导的评估可以在团体进行前、过程中及结束后实施。团体进行前的评估注重团体目标、成员特性以及起点行为的评估。团体发展过程中的评估则注重领导者对团体动力的察觉、团体目标与进度的掌握、成员参与行为的分析，甚至包括特殊事件的处理效果、成员观察，等等。团体结束后的评估涉及团体成效的评估、领导效能的评估及成员行为发展变化的评估。

　　下面介绍一些团体心理辅导评估的方法：

一、行为量化法

　　行为量化法是要求团体成员自己观察某些行为出现的次数并作记录，或者请与成员有关的人（老师、家长、朋友等）观察并记录，以评估成员的行为是否有所改善。

　　行为量化法除了可以用来记录外显行为外，也可以记录成员的情绪和思维。记录方法可以用表格或图示。行为量化法的优势是具体、可操作，记录过程也是成员自我监督的过程，有助于行为改变，不足之处在于费时，准确度难以把握。

二、心理测验

心理测验是一种对人的心理和行为进行标准化测定的技术。心理测验在因材施教、各类人才的培养与选拔、心理障碍和智力缺陷的客观诊断、心理疾病的早期发现、治疗效果的评定等方面都是一种有效的工具。心理测验的种类很多，通常分为智力测验、人格测验、能力测验、职业适应性测验、临床诊断测验等。在团体评估中，运用信度和效度较高的心理测验量表，可以反映团体成员行为、情绪的变化，以评估团体心理辅导的效果。

下面介绍几种小学生常用的心理测验。

（一）爱德华个性偏好测验

爱德华个性偏好测验又称个人倾向量表，是美国哈佛大学教授默里于20世纪30年代提出构想，后来由爱德华设计编制而成。默里认为，人有15种需要，需要程度因人而异，这些需要可以通过一些题目加以测量。爱德华个性偏好测验共有225题，所测15种需要是：成就、服从、秩序、表现、自主、亲和、省察、求助、支配、谦逊、慈善、变异、坚毅、性爱、攻击。

（二）学习适应性测验

学习适应性测验由华东师大周步成主持修订。所谓学习适应性主要指学习热情、有计划地学习、听课方法、读书和记笔记方法、记忆和思考的方法、应试方法、学习环境、性格和身心健康等，适用于小学一年级到高中三年级学生，主要用于了解学生学习适应方面的状况。常用于团体测验，按年级段制定常模，分别有小学一二年级、小学三四年级，小学五六年级、初中和高中等四种常模。

（三）艾林克人格问卷

艾林克人格问卷由英国心理学家汉斯·艾森克和其夫人于1975年编制成。人格问卷由P、E、N、L四个分量表构成，用于测量受测者在精神质、外倾性和神经质三个人格维度上的特征。L为说谎量表。问卷分儿童和成人两种。中国有两个修订本，一是由北京大学陈仲庚修订，一是由湖南医科大学龚耀先修订。龚耀先修订本适合于 7~15 岁儿童，有 88 个项目，要求儿童根据自己的情况回答题目是否符合自己的情况。主要测量内外向性、情绪稳定性和精神病性等三个方面的情况，常模有性别之分。

用心理测验来了解团体成员个人的变化，评估团体心理辅导的效果是常用的方法，但是要注意选用标准化的量表，还要考虑文化背景的因素。

三、调查问卷

调查问卷是指由辅导教师设计一系列有针对性的问题，让团体成员填写，搜集成员对团体心理辅导过程、内容、成员关系，团体气氛、团体目标的达成、领导者的态度及工作方式等方面的意见。问卷内的问题可以是开放式的，也可以是封闭式的。自行设计的问卷虽然不一定科学化，但它的好处在于能让成员自由发表他的想法和感受，因此能搜集到一些其他方法难以获得的宝贵的第一手资料。

除了上述三种主要方法外，还可以通过团体成员的日记、自我报告、领导者的工作日志、观察记录等方法来评估团体的发展和效果。

第五章　小学个别心理辅导

　　本章主要为广大心理辅导教师介绍小学个别心理辅导的知识，内容包括概况、理论基础、辅导原则、辅导技术、常用资料和案例。个别心理辅导是辅导的重要途径之一，它是针对小学生个体进行的心理辅导，专业性和技术性非常强，极大地考验了辅导教师的能力。前人的辅导经验是辅导教师的财富，必须悉心学习，然后运用到自己的工作中，形成自己的独有的经验。

第一节　小学个别心理辅导概况

一、何为小学个别心理辅导

个别心理辅导就是心理辅导教师针对个别学生而开展的一对一的心理辅导活动。它提供了相对可靠、安全的环境，可使学生降低防御性，与教师建立彼此信任的关系；老师可以对学生进行直接观察，有助于对学生的人格、心理健康状况、心理问题严重程度和当时的心态进行准确诊断；学生可以进行充分详尽的倾诉，将自己心理的烦恼、焦虑、不安和困惑统统告诉老师；老师在耐心倾听的基础上，可以与学生进行针对性的磋商、讨论、分析和引导。所以，个别心理辅导具有更强的针对性、实效性，是学生心理辅导中常见且有效的一种方法，常用来处理个别学生的深层问题。

二、小学个别心理辅导的对象

学校心理辅导所解决的问题与医疗系统心理门诊有不同的分工。学校个别辅导一般不处理病理性心理障碍，这是由学校心理辅导目标所决定的。因此，个别辅导对象一般包括有以下问题的学生。

（一）学习问题

这一类的学生学习成绩很不好，自尊心受到打击，有时会一蹶不振，使得他们的精力向另外方面发展，成为问题学生。

（二）行为问题

行为问题包括品行不良、攻击性行为、退避行为、多动行为和强迫行为等。

（三）身体问题

身体缺陷不仅影响学习效能，同时也影响其人格发展。一个生理有缺陷的学生，无形中在社会适应上会增加很多困难。他们往往会受到别人的歧视和嘲笑，以致加剧自卑、退缩、孤独等人格特征。

（四）情绪问题

情绪困扰是影响学生学习的重要因素。学生若早期遇到过多的困难或挫折而无法克服，很容易产生焦虑和不安全感，影响学习的动机、热情和效率。有的学生由于情绪困扰，容易冲动、过度紧张、孤僻冷漠、喜怒无常，这些都严重影响他们人格的发展。

（五）家庭问题

急剧的社会变迁导致离异家庭、寄养家庭、贫困家庭逐渐增多，处于这些不利家庭环境的孩子一方面缺乏情感上的关爱，另一方面面临经济上贫困的压力。这双重压力又会引起情绪和行为问题。

以上分类都是根据一般情况而分，辅导教师实际的工作还是围绕学生问题展开的，不应因标准而局限自我，有些学生的特殊问题同样应受到辅导教师的关注与帮助。

三、小学个别心理辅导的过程

个别心理辅导需分阶段进行，每个阶段都有其目标和具体工作，只有完成好每一个环节，才能在整体意义上把握好心理辅导，将辅导的功能最大化，切实解决学生的问题。

个别心理辅导的一般过程可分为以下四个阶段：

（一）搜集信息

搜集学生的信息可以说是整个心理辅导工作的基础，只有完成好这个工作，才能顺利开展以后的工作。

1. 搜集信息的内容

在此阶段中，辅导教师应着重了解学生以下三方面的情况。

（1）学生的基本情况

学生的基本情况包括姓名、年龄、性别、所在班级等（不愿透露者不应勉强）。此外，辅导教师应根据自己的观察，将学生的一些表现记录在案，例如学生的仪容邋遢还是整洁，步履沉重还是轻松，表情呆板还是自如，语言断续还是流畅，举止拘谨还是自然。这些行为都直指学生的内在心理活动。

（2）学生的主要问题

据调查，学生向心理辅导教师求助的问题内容大致有以下几类：自我形象、人际交往、学习考试、情绪调节、性心理和升学择业。了解学生的主要问题，即通过交谈与观察，把握对方经历的生活事件以及他因之而产生的观念上和情绪上的反应。

（3）背景材料

通过深入的交谈和必要情况下的量表测查，辅导教师对学生主要问题的来龙去脉、生活环境、成长经历、目前的身心状态等做到比较具体的了解。

2. 搜集信息的维度

（1）时间维度

对于学生过去经历的了解，可以得知其发展至今的过程；对于学生现时状况的了解，有助于获得他对自己和自身问题的评价及理解等有关信息，而对于学生对将来的看法和打算的了解，可以进一步认清他对自己、对他人、对周围世界的看法，以及对现有问题为何使学生产生烦恼、困惑有进一步的理解。对于学生过去、现在和将来的了解往往可以构成一幅连续的图景，为双方共同确定问题的性质和找到解决的办法打下基础。

（2）思维与情绪、行为的关联维度

了解学生对于他自身、他人及相关事件的看法，注意由此引发的情绪反应和行为方式。从知、情、意三者关联的维度搜集信息，可以找到学生的观念、思维方式与他的烦恼、困惑或不当行为之间的联系，找出问题的症结所在。

由于搜集信息是个别心理辅导第一阶段的工作，因此这一阶段还面临着建立与发展辅导关系的任务。

主动寻求辅导的学生总是带着自己的问题来的，他们往往相当敏感而易受伤害；有些学生则怀有疑虑，不敢大胆说出内心的隐痛。辅导教师应当从与学生见面的一开始，就努力创造出能使对方产生温暖、安全感的气氛。辅导教师应和蔼地与受导学生打招呼，请对方入座（双方的座位应避免并排或面对面，可成90度角摆放），然后相互作简短的自我介绍，再进入了解情况的程序。这些都有助于学生建立对辅导教师的信任，敞开胸怀。一些细节的营造有助于辅导教师搜集更多的学生信息，并开展接下来的工作。

（二）判定问题

在搜集信息的基础上，要对学生面临的问题做出理性的分析并判断其性质。

综合观察所得的印象和学生的自述（可能还有测试的数据），辅导教师要进一步作出对学生问题性质的判定，以利于确定辅导目标和采取干预措施。

要对学生问题的性质做出科学的判定实非易事，对于缺乏专业理论功底和丰富操作经验的学校心理辅导教师来说，这更是一个严峻的挑战。这需要通过长期学习与实践的积累加以解决。一般地讲，判定问题性质，可以先从主体上看学生的心理属正常还是异常，下述三方面的依据可作为参考的判定标准：

1. 看心理、行为与环境是否统一，有无怪诞荒唐的念头或一般人无法接受的行为表现。

2. 看知、情、意的心理过程是否协调，有误相互矛盾、相互冲突、难以调和得情况。

3. 看心理特征与外显行为是否反常，有无稳定的性格特征发生突变的现象。

总体上对学生的问题区分出正常或异常之后，还需要对问题进一步做出较具体的性质判定。比如尚属正常范围内的亲子冲突是全面的对立，还是局部的矛盾，情绪异常是由焦虑引起的，还是属于抑郁的表现，等等。

判定问题阶段的任务并非由辅导教师独自完成，而应当由辅导教师与学生共同完成。辅导教师尽可能防止单凭主管的印象和判断给学生下结论的倾向，而应当和学生一起在分析问题的过程中，逐步判定问题的性质。辅导教师帮助学生整理自己的问题，与重建他的认识并作出相应的调整是处于同一个辅导阶段之中的。辅导教师的责任不是断定学生问题的性质然后加以矫正，而恰恰是引导帮助学生进行"对自身的探索"。心理辅导教师要保持这个基本的立场。

（三）辅导干预

对学生的问题性质作了明确判定后，辅导教师和学生需共同努力来解决问题。在这一阶段，双方要一起制订一个可行的改进计划，并付诸实施。

改进计划包括以下两个方面：

1. 目标

改进计划的目标一般分为阶段目标和终极目标，其中阶段目标要根据学生的实际情况而定，须是可达成概率高的目标，另外，阶段目标彼此可按规律进行，一般是由易到难。终极目标即是辅导教师和学生最终共同达成的辅导效果。

2. 实施方法

实现目标的实施方法需视情况而定。一些比较简单、程度较轻的问题，学生在宣泄与接收辅导教师尊重、理解、真诚的关心和帮助后，已经解决。对于学生面临的比较复杂、程度较深的问题，辅导教师应审慎决策，选取最佳的措施方案。消除过重的考试焦虑的辅导干预可以用自信训练进行认知调整，也可以用放松操作自我调节，还可以考虑用系统脱敏技术增强适应。究竟采用哪一种方法或综合运用几种方法，辅导教师应该做一番比较筛选，并适当征求受辅导学生的意见，然后做出决断。

在改进方案实施过程中，辅导教师仍应与学生相互合作，直至问题解决，或根据具体情况对目标和措施作出相应调整。

（四）反馈跟进

反馈跟进是心理辅导的收尾阶段。它要求辅导教师对学生改进方案的实施情况予以监督、坚持，以及调整行动计划，并对下一步的辅导做出安排。反馈可以通过与学生交谈、家庭访问、问卷调查、座谈讨论等方法进行。

在学生接受辅导，取得一些效果后，辅导教师切不可以掉以轻心，放松对学生的观察与辅导。心理问题的产生是多因素影响的结果，解决起来也难以一帆风顺。稍有进展就放弃跟进辅导，学生很有可能就退回原处，所以辅导教师在此阶段仍应与学生保持联系，督促、鼓励他去达成改进的目标。

辅导教师还需注意一个问题，一些学生会在辅导过程中对教师产生依赖心理，以至于问题基本解决后，仍无法独立面对和处理类似的心理问题。在反馈跟进阶段，辅导教师应努力让这样的学生逐渐摆脱依赖，学会自己解决面临的一般问题，促使其人格上的成长。

需要特别指出的是，把个别心理辅导过程分为以上四个阶段，并不是说它们是互不相干、位置不能变动的独立环节。在辅导实践中，有时候会出现两个极端的工作任务交融在一起，甚至提前做下一阶段工作的情况。把握各阶段的工作任务和重点，又不刻板行事，这是辅导教师要在实践中认真加以体会和把握的，然后才有可能达到游刃有余的境界。

四、小学个别心理辅导的场所

学生个体心理辅导的场所，简称为心理辅导室、心理咨询室或心理治疗室。它们应该是可以隔音的房间，这样既能满足保密的要求，又可以保证会谈双方全神贯注于谈话本身，不受外界的干扰。房间的大小应不小于6~8平方米，不需要装饰华丽，只要能给学生温馨、舒适、干净、整洁的感觉，使学生可以安心、放松、注意力集中即可。房间的色彩以淡雅为主，光线应柔和，灯光不要正对着学生，不宜有较多的摆放，以免使学生有压迫感。室内应配备有沙发、茶几，也可以有书架等，沙发要使人感觉舒服，茶几可用来放水杯、纸巾等必备物品。可以用艺术画、绿色植物、工艺品等装饰房间，但不宜过多而显得杂乱。学生座位的摆放，不应设在背对房间门的位置，以免学生因不知背后会有什么事情发生而产生不安全感。另外，可以在适合位置摆放钟表，以便老师可以控制时间。

第二节　小学个别心理辅导的理论基础

一、精神分析理论

精神分析理论强调潜意识领域中被压抑的心理冲突对心理异常所起的重要作用，认为心理疾病的根源在于童年期发生的心灵创伤和冲突被压抑进了潜意识，心理辅导的基本目标就是帮助来访者找出被压抑的潜意识内容，正视并克服潜意识冲突。其创始人和代表人物是奥地利的精神病学家和心理学家弗洛伊德，他的精神分析理论对潜意识、人格结构和心理发展等方面作了系统论述。

（一）潜意识理论

精神分析理论的核心内容是潜意识的矛盾冲突假说。弗洛伊德认为人的心理结构包括意识、前意识和潜意识三种水平。

意识是心理结构的表层，是个体能够认知到的部分，它面向外部世界，直接引发人的行为，其功能在于排除那些来源于潜意识的本能欲望和冲动。在弗洛伊德看来，意识是不重要的。

来自心理结构深层的潜意识，是以往的经验以及基本的冲动和内驱力所形成的巨流，这巨流左右人的行为而人的意识觉察不到它，它是被压抑而不能被召唤到意识中的部分，具有强大的心理能量，影响着人生活的方方面面。如果说意识好比露出海面的冰山的小小山顶，那么潜意识就是海面下看不见的巨大冰块。弗洛伊德开创了四种使潜意识的东西进入意识的技术：自由联想、梦的分析、抗拒分析和移情分析。

前意识是介于潜意识和意识之间的一个边缘部分，由一些可以经过回忆和努力进入意识的成分组成，潜意识中的内容要到达意识层面需经过前意识的检查，意识中的内容也要通过前意识才能进入潜意识中，它在意识和潜意识之间从事"警戒"的工作。

（二）人格结构理论

弗洛伊德把人格结构分为本我、自我和超我。所谓本我也称生物我，代表人的原始情欲与原始本能，是人格的基本结构，是人格结构中最原始的、与生俱来的永存成分，具有强大的非理性的心理能量。本我的活动原则是"快乐原则"，它追求直接的、绝对的、即时的生物快感和满足，处于潜意识状态。超我是人格的道德部分，它代表的是理想而不是现实，要求的是完美而不是实际或快乐。超我是由自我中的一部分发展而来的。

（三）心理发展阶段理论

弗洛伊德是一个泛性主义者，他认为人的一切行为都是以性为动力的。弗洛伊德所说的性，不仅包括狭义的两性关系，而且包括一切直接或间接使身体产生舒适和快乐的活动，如婴儿吸吮自己的手指，并不是由于饥饿，而是由于某种快乐的追求，即力比多所驱使。

精神分析理论在西方乃至世界都具有很大影响，它不仅对心理学，而且对哲学、教育学、文学、艺术和宗教等社会科学产生了重大影响。弗洛伊德从病理学角度来研究人的心理，首次提出人的心理疾病不仅由神经系统的结构和功能失常引起，更和被压抑到潜意识里的内心冲突有关，这不仅扩大了心理学的研究领域，更为寻求表面行为下的深层心理意义与内在原因提供了理论依据和实践方法。他所创建的"自由联想"、"梦的分析"、"抗拒分析"、"移情分析"等技术，对于了解人的心理具有一定的作用。另外，弗洛伊德非常重视儿童早期经验对心理发展的重要作用，认为心理的发展是一个连续不断的过程，应从成长的角度来看待人的心理障碍和病态人格，也就是强调行为的历史原因，即童年期的心灵创伤和痛苦经验，这对我们开展儿童教育工作有一定启示。

但是，弗洛伊德的理论也存在致命弱点。他过分强调潜意识的作用，忽视人的主观能动性，忽视人的意识的调节作用；他片面强调性本能是心理发展的原动力，混淆了人与动物的本质区别，忽视了社会环境对人的心理发展的作用。这些都受到了很多学者的批评，就连他的弟子阿德勒和荣格，也反对他的泛性论和本能冲动论，而强调社会文化的影响。

二、行为主义的理论

正当精神分析理论在欧洲盛行一时的时候，一种新的学说——行为主义在美国悄然兴起。行为主义理论不关心心理疾病及其根源，而是着眼于行为，认为心理即行为，强调变态行为是学习的结果，也可以通过学习来改变和消除。代表人物有华生、斯金纳等。

行为主义反对用内省法去推测和解释心理，而主张用客观的、实验的方法对心理现象进行严格的实验研究。巴甫洛夫关于狗的应答性条件反射形成的实验、桑代克有关学习效果律现象的研究以及斯金纳的操作性条件反射的理论为行为主义的产生和发展奠定了基础。行为主义的理论基础是学习理论，认为人的一切行为都是通过学习而获得的，包括经典条件反射、操作条件反射、模仿学习、认知改变等。

行为主义心理学家认为，适应行为和不适应行为都是获得性行为。人的一切行为，除了直接由生理因素决定的能力外，其余都是通过学习和训练获得的，环境决定心理，决定行为。人的行为主要由操作性条件反射构成，而强化刺激对增加操作行为的强度和频率起了关键的作用。也就是说，所有的行为都是学习的结果，并由于外部的强化而得以巩固，所以，行为主义不重视辅导员与来访者之间的个人关系，只关心对外部强化刺激的控制。

行为主义重视学习的作用，把心理辅导的重点放在外显行为上，具有目标明确、操作性强、效果显著的特点，被广泛应用于教学和纠正不良行为等方面。但是，行为主义以动物实验为基础来推论人的心理，虽然后期也承认内部机体状态对行为的影响，但它过分强调外部环境因素的重要性，不重视认识、情感、态度、动机等主观因素的作用，有机械化、绝对化的嫌疑。这也使得行为主义的疗法只治标不治本，只顾及细枝末节不注重全面发展，不适于水准较高、渴望高度成长的来访者。

三、认知主义理论

认知主义理论是 20 世纪五六十年代在美国兴起的一种理论。认知理论反对精神分析的非理性作用，也反对行为主义把人的心理看作简单、机械的"刺激—反应"过程；认为心理是对信息的加工过程，即信息的接受、编码、操作、提取和应用的过程，因而重视对心理内部过程的研究，同时强调认识和理性的作用。认知理论以改变来访者的不良认知为根本目标，认为不正确的态度和看法是引起不良情绪和非适应行为的根本原因，只有改变错误的认识，代之以新的合理的观念，才能减轻和消除不良反应。代表人物有艾里斯、贝克和麦肯鲍姆等。

关于辅导关系，认知理论认为，辅导员的中心任务是教给来访者一些自我了解与改变的方法，辅导员更多扮演的是一位教师与指导者的角色，而来访者则处于学生或学习者的地位。

总之，认知的理论模式基于这样一个基本认识，即认知是刺激与反应的中介，反应并不是刺激的直接后果，而是由认知而引起的。适应不良的行为和情感与适应不良的认知有关，与其说是某种事件引起了心理问题，不如说是因为自己的认知偏差而产生了心理问题。因此，心理辅导的重心在于改变或修正扭曲的认知，而不是改变适应不良的行为本身。辅导员的任务就是帮助来访者共同找出这些适应不良的认识，并提供"学习"或训练方法矫正这些认知，使他的认知更接近现实和实际，从而使来访者的情感和行为得到相应的改变。同时也帮助他尽可能地减少产生情绪及行为问题的倾向性，改变其人生哲学，促使其人格产生深刻的变化。它不同于行为主义 S—O—R 模式，因为它不仅重视适应不良性行为的矫正，而且更重视改变个体的认知方式和注重认知—情感—行为三者的和谐。但它也不完全排除行为治疗技术的应用，认为结合和运用一些行为技术可增强辅导的效果。

认知主义理论是西方心理学发展史中的一个重大变化，被称为继行为主义之后的第二次革命。它把认知过程和情绪、行为统一起来，用认知的观点研究和说明人的情绪、动机、人格，强调认知在决定行为上的重要作用，克服了行为主义片面、机械的观点。它强调理性，强调人的主动性，重视研究中的综合的观点，扩大了心理学的研究对象与研究方法，为心理辅导和心理治疗开辟了新的途径，其认知改变的技术被实践证明是有效的。但是，认知主义理论的基本观点是实证主义的，它回避思维与存在的关系问题，过分强调观念的重要，忽视人的客观生活条件和实践活动的意义，也不重视对人的更高层次发展需要的满足，不利于人的潜能的发挥。

四、人本主义理论

人本主义理论始于 20 世纪四五十年代，被视为继精神分析理论、行为主义理论之后心理辅导理论的"第三种势力"。其基本观点是：人的本性是好的、向上的和富有建设性的；辅导的基本目标是为来访者提供一个安全与信任的气氛，使来访者能够改变其不正确的自我概念，改变其对待自己的方式，从而最大限度地发挥自身的潜能，达到自我实现。主要代表人物为罗杰斯、马斯洛。

人本主义理论强调人的价值和意义，强调人的独立自主的人格，强调人所具有的现实潜能；强调充分调动来访者自己的主观能动性，帮助来访者认识自身价值，发掘自身的潜能，了解真实的自我，对自己的成长负责，最终达到自我实现；人本主义理论还强调辅导关系的重要性，强调辅导员的态度特质。它不仅着眼于过去历史和今日现状，更放眼未来，体现着积极向上的进取精神。但这一理论方法不适合于不能用口语表达的人和自我意识水平不高的人，对处于危机中需要获得指导策略的来访者同样不适用。还有一个问题，就是来访者在辅导中所获得的心理改善，在回到日常生活环境以后能否仍然保持下去，因为造成来访者心理冲突或心理异常的社会生活环境并没有改变。

第三节　小学个别心理辅导的原则

通过个别心理辅导，学生可以学会以发展辩证的眼光看待其当前的困难，增强自我认识与自信心，以积极的态度来面对人生道路上的障碍，寻求克服困难的有效办法，最终实现自我完善。因此，要求辅导教师要以积极、正面的态度来看待学生的生活、情感与人际交往中出现的问题，把它们看作是个人成长过程中的动力和台阶，并为学生自主自决能力的培养提供有效、及时的支持。因此，它要求辅导教师在工作中严格奉行保密、理解、信任、鼓励以及耐心的原则，为学生的成长发展提供一个良好的氛围。

一、保密原则

个别心理辅导的第一个原则就是保密原则，它是建立辅导教师与学生之间关系的基础。基于信任，学生坦诚地向辅导教师倾吐心意，将自己埋藏心底的困惑和苦恼倾诉出来，其中包括许多个人资料、生活情况和隐私，他不但希望辅导教师能理解他的心境，分担他的痛苦，还希望辅导教师不会将自己的隐私和心事告诉他人。其次，在辅导过程中，辅导教师可能采用心理测验和其他方法得到学生的资料，并记录在案。这些资料，绝对不容外泄。因此，心理辅导的第一个原则就是保密原则。

心理辅导关系不同于一般的朋友关系，它不可以像朋友一样将一个人讲过的事随便讲给他人听，那样就失去了心理辅导关系存在的基本条件——信任，也有悖于心理辅导工作者的职业道德。香港著名的心理咨询专家林孟平博士指出："当一个辅导教师违反了保密的原则时，结果是极为恶劣的。首先，当事人必定蒙受其害。倘若辅导教师泄漏的资料导致了当事人的名誉受损，固然令人气愤，但即使表面上没有什么恶劣之结果，实际上当事人的自尊却可能已受损害。而辅导教师之不能保密，一方面会令当事人更加不敢信任人，对人的看法越趋负面；另一方面当事人会不再信任辅导，甚至还会否定辅导。这样的结果，的确令人惋惜。"所以，保密原则是心理辅导的最起码、最基本的要求，做不到这一点，的确不宜做辅导教师工作。在具体工作中，保密原则要求辅导教师做到以下几点：

1. 学生的资料绝对不应作为社交谈话的话题。

2. 若确因工作需要（如科研、教学）必须向外人介绍个案资料，也必须对介绍个案所涉及的人与事予以刻意的掩饰与改变，以确保学生的个人名誉不受伤害。

3. 辅导教师不应将个案记录档案带离服务机构。至于在工作场所，也要小心携带，避免错放地方、遗失或放置于他人可翻阅之处。

4. 辅导教师所作的个人记录不能视之为公开的记录而随便任人查阅。

5. 任何机构和学校的学生心理健康档案，应设立健全的储存系统、保管及使用制度，以确保资料的保密性。

6. 若有必需，资料传阅之前，必须经本人同意。

然而，对学生资料的保密不是绝对的。在下述特殊情况下，为了心理科学的发展，为了其他人的利益或为了学生的最大利益，则允许辅导教师公开学生资料：①在进行本专业学科的科学研究、教学中使用学生的资料，通常做法是隐去学生的真实姓名和具体的隶属机构（学校、班级）；②为了学生的利益，需要向其他辅导教师、教师，有时也包括家长、亲属交换意见，其中涉及到学生有关信息；③辅导教师在辅导过程中意识到学生或其他人的生命、安全或财产受到严重威胁时，可以例外。

二、理解原则

理解的原则要求辅导教师放下他的主观态度设身处地去感受来访学生的内心体验，以深刻了解他的行为动机，这种理解是同理的基础。要关怀帮助一个人，首先就要去了解他，而要了解一个人，就必须进入他的情绪和思想领域中去，以他人的眼光去看他的世界，以他的心情去体会他的心情，感受他的内心世界，如同感受自己的一样。这样的理解，能使思想和感情沟通，认识与了解一致，学生感到被理解、接纳，并产生共鸣。在这基础上，被辅导学生感到其自尊自爱受到肯定，感到自我价值所在，从而增强自我改变的信心和勇气。

泰戈尔说："爱是理解的别名。"这句话充分表明了理解的作用，爱总是要渗透着深刻细致的理解。理解学生，学生才能开放一切感受，感觉彼此接近，辅导教师才能作出有效的辅导。在学校里，几乎每一个学习落后与行为偏差的学生都有深刻的缘由。他们十分渴望有人去关注他们、理解他们、爱护他们，而不是一味地去责怪他们、批评他们、冷落他们。不理解他们，就不能很好地和他们沟通，也就不能有效地促使他们改变现状。渴望关注与理解，是人的本性，在学校里，他是良好沟通的关键。

特别是那些有心理问题的学生。他们往往不能认识自己，也不能悦纳自己，感觉不到自己的价值。这些学生只有先被人接受，才能接受自己，只有先被人尊重，才能尊重自己，如果辅导教师不尊重他，不理解他，他也就更感觉不到自尊，辅导就产生不了实效。

三、信任原则

在个别心理辅导的过程中，信任的原则是非常重要的一个原则。信任能使人感到安全、温暖与自信。信任，就是要求辅导教师多从正面的、积极的角度来审视来访学生的问题和错误表现，这样，可以强化来访学生克服困难、重塑自我形象的愿望和信心，从而收到良好的辅导效果。

辅导教师对来访学生的信任，可使他感受到受尊敬，受爱护，可令他产生安全感，并促使他以良好的表现来报答此信任，这样可以强化来访学生自我向善的意向和努力。同时，成功的经历会增强学生的自信。从这层意义上看，辅导教师的信任是使来访学生改变自我的关键之一，也是中学生辅导中必须遵循的原则。

四、鼓励原则

鼓励的原则要求辅导教师对来访学生的自我反省与转变的努力予以及时的肯定与支持。事实上，渴望他人的肯定与鼓励是人的自尊自爱之本。同时，人的思想和行为变化也会由于外界的支持而加快速度。鼓励，是学生行为转变的一个关键因素。

专家普遍认为，鼓励比惩罚更能使人转变。特别是对于学习落后和行为偏差的学生，他们身临困境，受人鄙视，缺乏自信心，也容易对周围的人产生敌意。此时，辅导教师若能对他们多加关注，勤加鼓励，则可使他们备受鼓舞，改变对自我的认识。在这层意义上讲，勤加鼓励，可谓学生改变自我重拾自信心的催化剂。

在这方面，因鼓励而成功的例子举不胜举。早在30年代，美国教育家威廉曾负责教纽约市一班表现最糟的学生，他们平均智商只有82分，学习成绩很差。威廉以这班学生为研究对象，在四个月内，为他们设计了一套改进方案，并辅之以大量的鼓励与支持。他让每个学生按个人兴趣和能力进行自选的学习活动，并对他们的每一努力与进步予以及时的肯定与支持。结果在学期末时，这班学生的成绩有很大提高，在史丹福成就测验的量度上，这班学生也在阅读、数学及其他科目上有突出的进步。

五、耐心原则

教育需要耐心，辅导也需要耐心。前者可表现为诲人不倦，而后者则可表现为对人信心不变，即对学生可以通过努力改变自我的信心不变。特别是对于那些学习落后、行为偏差的学生，耐心是与其沟通、促进其行为变化的重要因素。

耐心的原则要求辅导教师对来访学生的行为转变作长期的思想准备，不因一时一刻的挫折与反复而放弃对学生的信心。因为心理辅导工作是十分微妙细致的工作。一方面它要求辅导教师全神贯注地听对方讲话，设身处地感受其内心体验，并做出积极的、恰当的反应。另一方面，学生的自我反省和转变可能由于各种内外因素而出现反复，言行不一。

凡此种种，都说明心理辅导不可能是一日一时之功，它需要经过长期、细致的努力才能见效。例如有一名学生因为其特定的家庭环境或一时的条件变化，在学习和行为上出现某些偏差，他可能由此产生自卑自怜或自暴自弃，对辅导产生一些抵触情绪。现在要他彻底改变，绝对不可能指望一两次甚至几次谈话可以促成，它要求辅导教师有积极的态度和耐心与其沟通，以求"精诚所至，金石为开"之功，否则，将会错失挽救学生的良机。

第四节　小学个别心理辅导的技术

个别心理辅导技术指的是在个别心理辅导过程中，辅导教师用来与学生沟通，促使其改进的手段，以及运用这些手段时需要注意的方法。

一、倾听

倾听是心理辅导的核心任务之一，也是辅导开展的先决条件。心理辅导中的倾听不同于一般社交场合下的聆听，它要求辅导教师认真地听懂学生诉说的内容，还要听出对方在交谈中故意略去的成分。它要辅导教师以关注、同感的态度和敏锐的洞察力，深入到学生的内心世界，细心地注意对方是如何表达自己的问题，如何谈论自己及他人的关系，以及对所遇到的问题如何做出反应，还要注意学生在叙述时的语言、语调变化及动作神情等表征，以得出综合的、整体的印象。

倾听的最基本作用在于鼓励学生把自己的经历和感受表达出来，因此倾听不是一种被动的信息接收过程，而是对学生信息发送做出积极回应的过程，它对于建立、发展辅导关系，获得良好的辅导效果有着至关重要的作用。

辅导时的倾听意味着辅导教师要学会沉默，学会全神贯注，并学会设身处地地去体验学生的内心感受并作出富于同感的反应。当然，强调倾听不是要辅导教师放弃自己的信念，而是暂时把自己的价值参照标准放在一起，先听听对方的心声。否则凭自己的好恶支配"倾听"，就难以接收到与自己价值观念相冲突的信息，即使收到了，也容易使信息发生改变。

倾听除了要"用心"外，微微前倾的坐姿，关切诚恳的表情，表示肯定或询问的话语也都反映出辅导教师倾听时的专注。这会给学生以鼓舞，增加他对辅导教师的信任，并且乐意更加敞开自己的心扉。相反，双手抱胸，东张西望，魂不守舍，则反映出辅导教师对学生的心不在焉，会让对方很快失去袒露心迹的欲望，辅导也往往收到不好的效果，这是要引起辅导教师高度重视的问题。即使学生的问题和接受辅导时的态度让人完全不能接受，辅导教师也应当用真诚的态度、委婉的语气告诉对方，而不能采取漫不经心的方式暗示对方：辅导可以结束了。这是有悖于心理辅导工作者的职业道德的。

倾听中有一些具体的技巧：

（一）肯定

肯定，即直接重复学生的话，或者仅以某些词语如"嗯"、"后来呢"或者通过专注的神情、点头、递纸巾等动作来强化学生叙述的内容并鼓励其进一步讲下去。肯定的作用是通过对学生所述内容的某一点作选择关注而引导学生的会谈朝着某一方向作进一步的深入。由此可见，辅导教师的听是一种主动的、积极的、参与式的听，它使学生了解到辅导教师在认真地听他讲话，并希望他在某个方面继续讲下去。

（二）内容反映

内容反映，也就是说明，是指辅导教师把学生谈话中所讲的主要内容及思想进行综合整理后，把实质性要点反馈给学生，即对学生谈话进行实质性说明。辅导教师要选择学生谈话中的实质性内容，用自己的语言将其表达出来。内容反映时可以引用学生言谈中最有代表性、最敏感、最重要的词语。

（三）具体化

具体化是指辅导教师协助学生清楚、准确地表述他们的观点、所用的概念、所体验到的情感以及所经历的事件。一些学生所叙述的思想、情感、事件有时是模糊、混乱、矛盾、不合理的，需要辅导教师借助具体化这一技术，澄清学生所表达的那些模糊不清的观念及问题，把握真实情况，以使辅导更有针对性。

（四）非言语行为的理解

非言语行为能够提供言语不能直接提供的信息，甚至是学生想逃避、隐藏、作假的内容。所以，辅导教师倾听不仅要用耳朵，还要用眼睛；不仅要听懂学生通过言语表达出来的意思，还要注意学生在诉说时的犹豫停顿、语调变化以及伴随言语出现的各种表情、动作、姿势，以更全面地了解学生的内心世界。

非语言行为有很多种类，下面简单列举一些：

1. 耷拉肩膀表示内心受到压抑，耸着肩膀代表害怕，弯曲的肩膀是沉重精神负担的反映。

2. 皱眉可能起因于不愉快或迷惑，眉毛下垂则是沮丧和忧伤的信号。

3. 双手紧绞在一起反复摆动，拽衣服，加之身体坐立不安，往往表明其情绪紧张而难以接近。

4. 双手交叉在胸前或戴深色眼睛，表明一种防卫、不信任、拒绝或疏远。

二、沉默

在个别心理辅导过程中，恰当的沉默也是一种具有辅导功能的技巧。

个别心理辅导不同于一般的交谈，它需要辅导教师深切地关注和认真地倾听，少做逻辑分析，少教育对方，多理解对方观点，多体验对方感受。换言之，它要求辅导教师首先把自己放到学生的处境之中进行思考与体会，然后再整理思路，帮助对方认清成长中遇到的障碍，找出改变的良方。这就要求辅导教师多听少说，在学生暂时中止叙述的时候，也学会用恰当的沉默来激起下一轮更加深入的谈话。

此时的沉默有如朗诵时的停顿，在一番慷慨激昂或者倾情诉说之后，适时的停顿能收到"此时无声胜有声"的效果，正所谓"沉默是金"。

沉默是心理辅导的重要技巧之一，运用得当可以表达深切的尊重与同感，促进辅导的进程。然而不少辅导教师把沉默看成是僵局与尴尬的代名词，无法适应这种沉默，常常试图说些什么来打破僵局，避免尴尬。这样做反而起到坏的作用，达不到辅导的目的。

个别心理辅导中的沉默具有两个功能：一个是暗示功能，一个是同感功能。前者通常表现为在学生叙述中断时不作言语回应，以暗示对方继续往下讲，自己则有足够的兴趣和耐心等待；后者则通常在学生讲述精神创伤事件或作深入的自我表露时出现了停顿，辅导教师以沉默来确保其自我宣泄与反省的时间与欲望，并以此表现辅导教师此时此刻有着同感的理解。

运用沉默技术不仅仅是不说话的等待，辅导教师还需要用点头、注视等体态语或一些简单的应答语来表现自己在倾听。

三、提问

为了让学生的叙述更加开放又紧扣主题，辅导教师提问是一种重要的引导技术。

（一）封闭式提问

封闭式提问常常使用"是不是"、"有没有"、"要不要"一类的词进行提问，而学生的回答也是"是"或"不是"、"有"或"没有"之类的简单答案。封闭式提问在心理辅导过程中能够起到收集确切信息、澄清事实、缩小讨论范围、引导谈话方向、获取重点等作用，一般在谈话告一段落或者学生谈话偏离主题时应用。

但是，过多地使用封闭式提问，会使学生陷入被动回答之中，其自我表达的愿望和积极性就会受压抑，辅导变成了挤牙膏式的讯问，气氛压抑沉闷，令人窒息。而且，学生更清楚自己的问题，辅导教师建立在假设基础上的封闭式提问，往往花费时间而不得要领。所以，在心理辅导中，要注意把封闭式提问与和以下所讲的开放式提问结合起来，以充分调动学生的积极性、主动性，快速了解学生。

（二）开放式提问

开放式提问是个别心理辅导中运用更为普遍的提问方式。它常常以"什么"、"怎样"、"为什么"等形式发问，用于搜集材料，促使学生自我剖析，推动交谈更加深入。

用"什么"发问，回答的多是客观性资料；用"怎么样"发问，则较多涉及态度、情绪方面的内容；用"为什么"提问，回答往往是对事情的起因或想法的理由做一番解释；以"你能不能谈一谈……"这样的句式发问能鼓励学生有最开放的回答，它像是对学生谈后的一种邀请，不带任何强制性。

虽然开放式提问给学生以较大的叙述内容自由度，但开放式提问的目的仍然是指向对方所面临的问题的特殊性，借以获得对学生问题的了解、情况的掌握和情绪的体验，因此切口不宜选得过大，诸如"你能谈谈学习的重要性吗？"这一类的问题，开放虽则开放，却是大而无当，难以让学生进入会心交谈的状态。

四、面质

面质，又称质疑、对质、正视现实等，指辅导教师直接指出学生存在的矛盾，以进一步了解学生的真实情况，并帮助学生正视现实，全面认识并接纳自己的感受、信念、行为及所处情境，使其行动更富有建设性。面质是促进学生成长的一种重要技术。

在辅导实践中，辅导教师可以用提问或表达的方式来指出学生谈话内容中自我夸张、自我挫败的成分和其他的非理性思维。在这里，面质的意义不在于否定对方，贬低对方，教训对方，而在于启发对方，激励对方，使学生学会辩证地看待自己所面临的问题。所以辅导教师在使用面质技术的时候必须认识到：面质要以尊重为前提，以同感为基础。这样才会给人以与人为善、真诚坦率的感觉，而不给对方留下态度生硬且语言尖刻的印象。特别是在辅导关系尚不牢固，学生仍然存在很多顾虑的时候，不能够滥用面质技术，以免把学生吓跑或使其心情更为压抑。

面质技术若是运用的合理、恰当，它会起到打破僵局、打破沉默的状态，使辅导获得突破性进展，让学生产生茅塞顿开的感觉；运用不当，则容易伤害学生自尊，使辅导中断或结束，给学生的心理带来消极影响。辅导教师应该谨慎使用面质技术。

五、自我开放

自我表露技术指辅导教师通过向学生讲述自己个人成长过程中成功或

失败的经历，以及内心体验来启发和推动对方的自我讨论。目前，自我表露技术在心理辅导界正受到广泛的重视且被非常普遍的采用。

自我表露技术具有两种功能：示范功能和挑战功能。前者的意义在于通过与学生分享个人成长中奋斗与成功的经历来激励启发学生积极地面对人生中的挑战，更好地成长；后者的意义在于推动学生更具体地探讨其生活中所遇挫折、困惑的特性，更切实地寻求解决的办法和挖掘个人的潜力。因此，自我表露是辅导教师接纳与真诚的体现。

自我表露的内容除了辅导教师的成功经历外，也可以谈谈自己当初与学生处于类似境遇中的情况。如一位辅导教师对考试焦虑的学生谈起自己求学时因考试焦虑过重遭受挫折的经历，使对方产生心理共鸣，拉近了与辅导教师之间的距离。对学生在辅导时的消极表现，辅导教师也可以通过自我表露技术的运用，将自己对此不满的情绪和希望对方改进的诚意传递出去。

自我表露的表达方式除语言直接表述外，表情、体态、语气等也可以作为间接手段。

自我表露不宜过分使用，那样会让学生怀疑辅导教师在自我炫耀和使谈话偏离辅导的核心内容。事实上，自我表露是心理辅导界最富争议的一项技术，运用得当的关键还是要强调辅导教师把握好自我表露的分寸，使其成为拉近辅导关系的双方距离，推动学生作更深入探讨的工具。

六、解释

解释，即运用某一种理论或经验来描述学生的思想、情感和行为的原因、实质等，使学生从新的、更全面的角度来重新面对困扰、周围环境及自己，并借助于新的观念和思想来加深了解自己的行为、思想和情感，以产生领悟，提高认识，促进变化。

比如对存在严重交往障碍的学生进行辅导时，教师在了解了情况后，心理分析式的解释可能要追溯到学生童年的创伤性经历对其人格的影响；行为治疗式的解释则可能是"这属于一种社会性习得的行为，可以进行矫正"，目的是减轻学生的焦虑；而认知治疗式的解释则会从学生看待人际交往中的非理性观念中找到其逃避行为的答案。

这些解释可以启发学生以此为参照物，从另一角度去了解和认识自己及周围事物，这对他来说是从未想到的。而这一角度使他在同一件事上看到了一个新的世界，这对于他的认知以至于行为、情绪的改变可能是十分有益的，甚至是关键性的动力。学生原来含混不清或者完全错误的观念，经辅导教师深刻而准确的解释后得到了澄清，从而端正了认识。这就是解释的作用。

针对学生的不同问题，辅导教师可以做出种种不同的解释，可以说，没有两个被辅导学生的问题解释是完全相同的。这并不是说辅导教师可以凭大致印象和自己的想当然，对学生的问题作含糊、笼统，让人不知所云的解释，而是要求辅导教师在掌握一种或几种辅导理论的基础上，形成自己丰富的经验和敏锐的反应力，并且不断应用于辅导实践，这样才能针对学生的问题做出具有科学性的，给学生带来启发的解释。

解释应该说是心理辅导最复杂、最不容易掌握的一种技术，很多有经验的辅导教师在运用解释时都是很谨慎的。专家们提出：对任何一次辅导会谈来说，两个或者三个运用得当的解释可能是其最大的限度。对学生的参考体系来说，这也是他所能承受的外部影响的极限。

第五节　个别心理辅导案例介绍

一、交往辅导

（一）情况介绍

刘某，女，10岁，小学四年级学生。成绩一般，中等智商，性格内向，在人面前不拘言笑，上课从不主动举手发言，老师提问时总是低头回答，声音听不清，脸蛋涨得绯红。下课除了上厕所外总是静静地坐在自己的座位上发呆，老师叫她去和同学玩，她会冲你勉强笑一下，仍坐着不动。父亲是银行的一位领导干部，每晚一般都坐在刘某身边陪学习。对孩子学习的问题，教育方式粗暴，对孩子的期望值过高，刘某的父母除了对她学习要求严格外，别的方面可以说是衣来伸手，饭来张口，无忧无虑。在班上值日生工作不会做，做别的事也做不好。

（二）辅导教师分析

父亲望女成凤的愿望强烈，但往往采取粗暴的教育方法，使孩子对学习产生了恐惧感，从而产生逆反心理，对学习的兴趣不浓，学习成绩不理想，渐渐地形成自卑感，总觉得自己不如同学，不愿主动与同学交往。刘某在家从没做过家务，衣来伸手，饭来张口，自理能力很差，值日生工作不会做，班上与她一起做值日的同学免不了说她懒，她觉得很没面子，因而更不愿与同学交往。

（三）辅导方法

1. 利用游戏活动，创造交往的条件。上活动课时，教师主动邀请她玩游戏。同时，引导其他同学与刘某共同完成游戏活动，活动中引导刘某主动与同学交往、合作。

2. 指导家庭教育，改变不良的教育方式。刘某的父亲每天下午放学必到学校接她，教师经常利用这种机会，与他交流，反馈情况，共同商量解决孩子不良心理状况的办法，建议家长选择适当的教育方式，对孩子的进步给予肯定、表扬。同时，适当地让孩子做家务，提高孩子的自理能力，从家务劳动中锻炼与家人交往的能力。

3. 创设良好的班级人际氛围。利用心理辅导课、活动课等时机进行群体性的心理辅导，让学生知道与人交往、帮助他人，不嘲笑、鄙视能力比自己差的同学是一个好学生应具备的好品质，从而主动地在学习、劳动上帮助刘某。

4. 培养刘某交往的语言表达能力，提高其与同学交往的信心。刘某成绩一般，上课又不主动发言，在与同学交往中不善言辞，很是木讷，教师利用心理辅导课给她进行语言训练，通过自讲、和同学对讲，在讲中记，在记中练，在练中习技巧，扫除她与同学交往过程中的语言的障碍。

5. 利用劳技课，培养合作精神。学校有一间劳技课活动室，只有十张劳技活动操作桌，全班55位同学，每桌坐5人，每次操作活动需要5人合作完成。每周进行一次劳动技能培训的活动，活动中刘某逐渐能主动与伙伴们配合默契，完成好同伴分配的任务。

（四）辅导效果

通过辅导，刘某学习成绩不断提高，下课能主动与同学交往、做游戏，上课能举手发言且声音较大声。家长也反映在家学习主动，乐于把班级的事讲给父母听，主动帮家长做些家务。

二、学习辅导

（一）情况介绍

王某，男，9岁半，小学三年级学生。父亲是工人，母亲为某副食商店售货员。王某的智力水平属于中上等，二年级时学习成绩在班里还属于中等偏上，但进入三年级后，学习成绩明显下降。期中测验两门主课均不及格。王某的性格比较外向，嘴很甜，人乖巧，有人缘，虽不是班里的少先队干部，但在朋友圈中说话有人听。王某一家原住在闹市区，后因住房拆迁，搬到城郊新建的开发小区。由于小区的建设不配套，国营蔬菜商店、水产品商店等一直没有建起来，因此小区内便逐渐形成了一个农贸市场。在农贸市场中，有附近的农民前来经商者，也有一些小区的居民加入到个体业余经商的队伍中。王某的父亲便是其中一员。王某的父亲主要经营时鲜蔬菜。从市区批发市场购进新鲜的高档菜，在小区农贸市场出售。遵父母之命，王某近半年来下午放学后也常帮助爸爸卖菜。如果儿子表现好，生意做得也称心，父亲就给儿子以奖赏，或给买点好吃的东西，或给点零花钱。久而久之，王某对帮助爸爸摆摊卖菜产生了兴趣，而对学习的兴趣则越来越下降。王某的母亲对孩子也十分放纵，她很少过问孩子的学习情况，晚上吃过晚饭后，为图家中清静，经常催着孩子出去找同学玩，10 点钟以前不要孩子进家门。鉴于以上一些原因，王某的厌学情绪愈益增长，学习成绩明显下降。他甚至对同学说："学习什么，真没劲，还不如跟我爸爸跑跑腿，要吃有吃，要钱给钱，那多够味！"

（二）辅导教师分析

王某的厌学症无疑是家庭不良因素影响的结果。父亲工作之余经商捞外快，把孩子也拉上了，还不时有所奖赏，予以"积极强化"；母亲图清闲，晚上 10 点之前不让孩子进家门；父母都很少把孩子的学习放在心上。处于这样的一种家庭氛围，在孩子看来，学习成绩好坏无所谓，反正爸爸妈妈不计较这个，只要乖乖听话，让父母高兴就行。儿童心理学和教育心理学的研究表明，小学生特别是低、中年级学生，其学习兴趣和学习动机受家庭教育的影响很大。父母的主导倾向是什么，对孩子有何期望和要求，往往是孩子愿不愿意学习和怎样去学习的指示器。因此，矫治王某的厌学症，关键要从改变家庭环境入手，帮助王某的家长切实认清教育子女学习的意义和责任。

（三）辅导方法

1. 厌学的倾向表现在王某身上，但其直接原因却在于家长的不良示范和放纵自流。因此，学校应同家长取得联系，全面介绍和分析王某近来的学习变化，充分肯定其优点和长处，委婉地指出由于家庭的影响而导致孩子厌学的情况，晓之以理，融之以情，力求引起家长的重视和警惕。

2. 教师抓住王某这一典型事例在全班进行教育，但不要点名公开批评。可以少先队队会的方式，引导同学们围绕"重钱轻学"的问题进行讨论，使大家明确少先队员到底应该怎么办，是应该"好好学习，天天向上"还是学不学无所谓，有钱吃喝自在就行。这不仅对王某是一种教育，而且对激发全班同学的学习动机也有积极意义。

3. 适当组织几名学习好的同学或班干部定期到王某家中帮助他补习功课。这样做的目的一方面是给王某以具体的帮助和监督，另一方面也是对家长的暗中提醒和促进。在采取这种措施之前，事先征得家长的同意。如果王某的家长不同意这样做，则不勉强。

4. 教师更好地改进教学方法，增加教学的直观性、趣味性、生动性，努力培养学生的学习兴趣，同时大力开展课外活动，通过课外活动进一步增加学生的学习乐趣和对学习的吸引力。这种课内外学习气氛的不断改善和活跃，对于调动王某的学习热情，克服厌学情绪，可以起到潜移默化的作用。

（四）辅导效果

经一段时间的辅导，王某学习态度较以往认真，逐渐能按时完成老师布置的作业，学习成绩有所提高，下午放学后不再跑农贸市场帮父亲卖菜。家长也积极配合学校的教育，父亲不再要孩子放学后，帮自己卖菜，母亲也时常过问孩子的学习情况。

三、情绪辅导

（一）情况介绍

金某，男，10岁，小学四年级学生。平时爱发脾气，只要稍有不顺心的事，他就很难控制自己的情绪，总要拿哪个人或哪件东西来出出气。他上课迟到受批评，回家后拿妈妈出气，怪妈妈没有早一点儿叫他起床；在学校值日时打扫卫生，地扫得不干净他怪扫帚破了不好扫，因此拿扫帚发脾气；考试成绩不理想，他生老师的气，说老师出题太怪太难太偏，弄得他做不出来。总而言之，他就是喜欢发脾气。而且，他发脾气还有个特点，那就是怪别人不好，怪东西不中用，因而总要骂人、摔东西，把他们当成"出气筒"。为此班上同学给他取了外号——"脾气大王"。

（二）辅导教师分析

愤怒是个人的欲求和意图遭到妨碍时产生的一种消极情绪体验。许多小学生，由于情绪的自我调控能力较差，冲动性较为明显，因此常常在不该发脾气的时候发脾气，因为一点儿小事就会相互打起来，因为父母的某些做法不够合理而冲他们大喊大叫……但小学生的愤怒来得急，去得也快，比如有的小学生可能今天因为发生一些矛盾而大发雷霆，而明天两个人就可能一块儿做游戏，这一点在小学低中年级表现尤其明显。在日常生活中，引起愤怒的原因很多，每个人都不可避免地会产生愤怒的情绪体验。愤怒是一种有害的情绪状态，常常会给人带来意想不到的麻烦，如同学关系疏远，师生关系紧张，而且长期、持续的愤怒对个体的健康损害也是极大的。当人愤怒时，交感神经兴奋增强，从而使心率加快，血压升高。所以，经常发怒的人，容易患高血压、冠心病，而且可使病情加重，甚至危及生命。愤怒可使食欲降低，影响消化，经常发怒可使消化系统的生理功能发生紊乱。愤怒还会影响人体腺体的分泌功能。过度的愤怒甚至还会使人丧失理智，引发犯罪或其他后果，因此控制愤怒的情绪十分重要。

（三）辅导方法

1. 情境转移法

日常生活中，有许多事会使人产生愤怒的情绪。让金某了解，如果以后遇到这种情况，尽量避开，暂时躲一躲，以免刺激自己发怒。比如，当金某心情不好的时候，让他出去走一走，听听音乐，或者和谈得来的朋友在一起聊聊天，干点儿自己喜欢的事，心情就会好起来。

2. 理智制怒法

当他动怒时，让他发怒前，最好先想想以下问题中的任何一个：我为什么生气？这事或这人值不值得我生气？生气能解决问题吗？生气对我有什么好处？可以在即将动怒时对自己下命令：不要生气！坚持一分钟！一分钟坚持住了，好样的，再坚持一分钟！再坚持一分钟！两分钟都过去了，为什么不再坚持下去呢？用理智来控制发怒的情绪反应。

3. 评价推迟法

人通常都有这样的经验，一件当时使你感到"怒不可遏"的事，过了一段时间后，就会感觉到已经不那么值得生气了。因此，可以教育金某：当自己因为某件事情要生气时，不妨先把它放下，等过一个小时、一个星期甚至一个月之后再去想它。

4. 情感宣泄法

如果有的事情或人有充足的理由使我们发怒，这种情况下不妨让他坦率地把心中的不满讲出来，那他就会发现心里会爽快一点儿。也可转移目标发泄出来，比如去打沙袋或去跳健美操，都能减少愤怒对自身的伤害。但要注意情感的宣泄要以不损害他人的利益为前提，不可在情绪的支配下，作出过激的行为。

5. 目标升华法

愤怒是一种强大的心理能量，如果能升华，它能带给人力量，甚至是激昂的生命力；如果使用不当，则可能伤人害己。因此，要注意培养学生远大的人生理想，更多地从大局、从长远去考虑事情，要有远大的目标，当前进中遇到挫折产生愤怒情绪时，应将其转变为成就事业的强大动力，切不可以眼前的区区小事计较得失，到头来"丢了西瓜捡芝麻"，妨碍自己对理想、事业的追求。

（四）辅导效果

进行一次多次辅导后，金某的脾气收敛很多，有时候也能很好地控制自己发怒的情绪，同学们也一致表扬他的脾气好很多。

四、逆反心理辅导

（一）情况介绍

小杰，男，三年级学生。父母对孩子要求严格，寄予厚望。教育手段粗暴、简单，一旦孩子表现不满意或犯错，一顿打骂难免，而且下手很重。爷爷奶奶疼爱，庇护孩子。

小杰自我约束能力较差，纪律较差，在学校里和同学相处不融洽，时有矛盾或摩擦产生，而且"死不认错"，一口咬定是同学们冤枉他，欺负他。在同学、老师心中缺乏信任度。是个"牛皮糖"类型的学生，批评教育似乎对他无效。

（二）辅导教师分析

小杰父母这种打骂式的简单、粗暴的家庭教育造成孩子逆反心理，不愿服从社会规范，退缩、缺少男子气，造成他缺乏自尊、自信心、挫折感、多疑、没有安全感等。也就是说，打孩子不仅不能解决问题，还会造成新的心理问题。滥用体罚还会使孩子学习错误的解决问题的方式。打孩子绝对不是什么好的教育方法，只会是对孩子的一种个性压抑，尤其是给孩子造成一种错觉：弱者要服从于强者，暴力可以解决问题，这是很糟糕的。孩子往往会从父母那里学会了"以暴制暴"，学会了"打人经验"，染上了暴力行为。体罚不但使孩子不再愿意与父母亲近，而且打多了，只会使父母子女之间在感情上产生隔阂，严重的甚至会对抗、对骂、对打。小杰父母滥用体罚已经丧失惩戒效果，造成屡打屡犯，累"打"不改。

（三）辅导方法

1. 正确引导，以"理"解决。

首先教育小杰怎样面对自己犯下的错误：要认识错误，承认错误；然后向对方赔礼道歉；还在实际行动中改正，保证不再犯同样的错误。让他明白这件事最大的错是在犯错时不承认错误，还要说谎和欺骗别人和自己。

和家长定下"协议"：小杰已承认错误，说了实话，回去后就不能再打骂他，继续给他讲讲为人处世的道理。

2. 改变家长的教育理念。

经常地与其家长交谈，了解家长的一些日常教育方法，并希望家长改变教育的方法，让家长明白打是解决不了问题的。

3. 指导解决问题、矛盾的方法，帮助改善同学关系

平时对他多加关注，发现他的闪光点：爱看课外书籍，课外知识丰富，能解决大多数同学不会做的难题等，及时表扬。培养自尊心、男子气，教育他有错要勇于担当。

教师不断鼓励，推动他改正其不良的行为习惯。

（四）辅导效果

通过一个阶段的耐心帮助，小杰现在在纪律上逐渐树立起自觉意识，

小学·心理辅导教师工作指南

自我约束能力有所提高。不再出现犯错时"死不认错"的情况，能主动承认错误，态度明显好转。与同学之间的摩擦也越来越少了。

五、恐惧心理辅导

（一）情况介绍

莹莹是一名四年级的小学生。每天天一黑，她就不敢出门，甚至一个人独处的时候，心里也会无缘无故产生一种害怕和恐惧。为什么莹莹一到天黑就不敢出门呢？在莹莹四岁的时候，妈妈就对她开始了早期教育。先是拉小提琴，后是学画画，念英语，算算术，尽管莹莹能断断续续地拉完《我爱北京天安门》，但她乐感不强，看不出她有学音乐的天赋。莹莹每天晚上练琴就像受刑似的，因为如果达不到要求，妈妈就要打她的手掌，或者关在一间黑屋子里。每当这个时候，妈妈就凶巴巴地说："练不好琴，我就不要你了，让狼吃了你。"或者是说："等天黑让鬼把你带走。"吓得莹莹拼命哭喊。所以现在，莹莹一到天黑就不敢出门。

（二）辅导教师分析

像莹莹的这种反应就属于典型的恐惧情绪反应。有的人特别怕小动物，如小老鼠、小狗、小兔，有的人走在路上害怕汽车，有的人怕上高一点儿的楼梯，有很多人害怕见到生人或客人等。在这些害怕心理中，有些属于正常现象，如人一般都有点儿怯生，见到陌生人都会有点儿害怕；有些则不正常，如怕上楼梯，怕看见汽车等。恐惧是人类和动物共有的一种原始情绪之一，它是指个体在面临并企图摆脱某种危险情境而又觉得无能力摆脱时产生的情绪体验，恐惧发生时常有缩回或退避的动作并伴有异常激动的表现和生理反应，如心跳加快、毛发竖立、惊叫并有奇怪的面部表情等。引起恐惧的因素是多方面的，如熟悉的环境发生了意想不到的变化，奇怪、陌生、可怕的事情突然发生，黑暗、巨响、坏人、失去平衡及被其他人的恐惧情绪感染等。

（三）辅导方法

1. 转移刺激法

把引起恐惧的刺激物暂时移开，虽然不能消除对刺激物的恐惧，但能消除惧怕心理。例如，小学生看见狗就惧怕，不让他看见狗，就消除了对狗的惧怕。可是他以后再看到狗，仍然会和从前一样怕狗。所以，这种方法控制恐惧是不理想的。

2. 系统脱敏法

心理学研究发现，人的心理反应有一种习惯化倾向，习惯化指每当某个新异刺激出现时，就容易引起人的心理反应，但当这种刺激不断重复出现时，人对它的反应性逐渐下降，直到最后不再对此反应，就好像产生了一种习惯似的。因此，不断地重复做某一件事，就可以对这事产生习惯化的反应，从而降低人的反应性。同样，如果让人反复接受恐惧刺激物的刺激，使其逐渐适应这种刺激物，习惯成自然了，便不再害怕这种刺激物。例如一个恐惧考试的学生，只有不断地参加考试，才会消除这种恐惧。当然，反复练习的开始要注意降低难度。例如，为了消除对高度的恐惧，开始时只要求登上三个台阶，以后才逐渐向 1 米、10 米、20 米或更高的高度攀登。

3. 掌握知识法

恐惧的产生大多是因缺乏科学知识而胡思乱想造成的。有位科学家说过，愚笨和不安定产生恐惧，知识和保障却拒绝恐惧。有的学生怕黑，一到黑天就担心会不会出现妖怪或魔鬼之类，当他知道所谓的妖魔鬼怪之类不过是人们虚构的，他就不会再有这种恐惧的情绪了。

4. 转移注意法

这种方法是使注意力从恐惧的对象转移到其他事物上去。例如，每年学校都会集体组织打疫苗，总会有学生惧怕打针，所以，在打针的时候，可以讲一个笑话，或让他考虑一个问题，使该生注意力转移到别的方面，这样，恐惧就会消除。

5. 转变教育方法

莹莹的恐惧心理主要是由于家长的教育方法不当引起的，因而改变错误的教育方法，采用正确的教育方法，也是克服恐惧心理的重要方法之一。

（四）辅导效果

经过一段时间的心理辅导后，莹莹的恐惧心理有所改善，已经可以在辅导教师的带领下夜晚出门。还需后续的辅导。

第六节　个别心理辅导常用资料

一、个别心理辅导记录格式

（一）来访者基本资料：

来访者姓名、性别、年龄、婚姻、职业、文化程度、籍贯、住址、联系方式等。

（二）求助原因与期望

辅导预约方式：自己预约，家人或者其他人预约等。首次辅导日期，求助原因，希望通过辅导达到的目标。

（三）现有心理问题的历程

按照时间顺序叙述来访者当前心理问题的发生、发展过程，着重了解生活事件发生后，来访者的观念、情绪表现、行为反应以及与环境的互动结果，并且评估来访者的社会功能和生理状况。

（四）既往史

按照时间顺序叙述来访者当前心理问题发生之前的相关情况。这包括：既往躯体疾病史、既往心理疾病史、既往心理辅导历史。

（五）成长史

按照个人成长过程（婴幼儿期、小学、初中、高中、大学、就业）叙述相关生活事件，重点探讨这些生活事件对个人的影响，以及由此发生的改变。

（六）人际关系史

描述各个时期，各种层次人际关系状况，以及对来访者的影响。其中包括：幼年时期来访者与原生家庭中每个成员的关系和给自己的影响；现阶段来访者与原生家庭中每个成员的互动情况；自己家庭中的各种关系状况（夫妻关系、亲子关系等）；各时期的人际关系状况以及重要影响人物。

（七）心理检查

包括两个方面内容：①观察印象，即主要描述来访者是否准时（或提前），外表（魅力/缺陷），体形（胖、瘦、健壮等），衣着（整洁与否、），打扮（是否合乎身份，怪异，新潮），姿势，动作（刻版动作、无意识动作等），情绪表现（不在乎、低落、高兴），与辅导教师的互动关系（配合、阻抗）和态度（平等、尊敬等），与同行的其他人的关系（冲突、顺从等）。②心理测评结果：描述测验名称和测验结果。

（八）心理诊断

1. 评估来访者以下六个方面的情况：社会功能、生理状况、行为状况、情绪情况、认知情况、人格/自我概念。

2. 给出诊断及其依据

3. 给出鉴别诊断说明

（九）辅导方案

1. 来访者心理问题的病因分析，指出心理辅导的关键，确定心理辅导目标。

2. 心理辅导的原理和主要技术方法。

3. 心理辅导的阶段和过程安排

（十）辅导结果评估

再次评估来访者六个方面的情况。

（十一）辅导教师后记

辅导教师进行心理辅导过程的心得体会和相关的感悟。

二、初次辅导登记表

姓名：_____ 性别：_____ 出生日：_____ 年龄：_____

住址：_____

家庭电话：_____

班级：_____

班主任姓名：_____

日期：_____年_____月_____日

主要问题或咨询事项：

是否曾经看过：（　　　）辅导老师

　　　　　　　（　　　）心理咨询师

　　　　　　　（　　　）精神科医生

　　　　　　　（　　　）社会工作师

是否正在服药中：（　　　）是

　　　　　　　　（　　　）否

是否想过自杀：（　　　）是

　　　　　　　（　　　）否

紧急联络人与电话：_____

父母或监护人姓名与电话：_____

三、个别心理辅导记录表

编号：_____　　　　辅导教师：_____

姓名：_____　　第___次辅导　　日期：___年___月___日
观察印象（通过观察对来访者进行评估）
辅导过程纪要（按叙述顺序记录主要谈话内容）
其他资料（各种有关信息，如测评结果、他人提供的信息）
辅导作业
辅导教师的评估（评估来访者状况、辅导策略和方法的有效性等）
下一次辅导时间：

第六章　小学生常见心理问题的辅导

　　本章主要是为广大心理辅导教师介绍小学生常见的几种心理问题，内容包括强迫症、交往障碍、多动症、嫉妒心理、厌学心理、逆反心理和抑郁心理。每一节都是按心理问题的症状、原因及相关处理办法来设置内容。辅导教师要先通过心理问题的表现，做出判断，找到原因，运用各种方法和技术，最终解决。但是，小学生的心理问题远不止这些，本章列举的只是常见的几种。教师应掌握尽可能多的心理问题知识，有备无患。

第一节　强迫症的辅导

小齐是一个小学四年级的学生，是家里的独生子。他的爸爸是一名公司的销售经理，而妈妈是一名商场的售货员。平时爸爸妈妈工作很忙，都是小齐的奶奶代为照顾小齐。

平常，妈妈对小齐要求非常严格，尤其是在卫生方面，每次都要求他洗手消毒后才能吃东西。在学习上，妈妈总是要求小齐考试排在前三名。最近一个月，爸爸妈妈发现小齐走在马路上总是要数电线杆，而且数了一遍又一遍，不停地数。有时数着数着因旁人干扰忘记数的数目了，会表现得很焦躁，甚至要求回到起点重新数。尽管爸爸妈妈对他的这一行为进行了严厉的指责，仍然没有改变小齐数电线杆的毛病。

另外，小齐在日常生活中还表现出反复检查书包里的东西的行为。有时临睡前整理好了书包，也已经检查过，确保无遗漏物品了，可是他上床后还是忍不住爬起来再检查一到两次。这一情况也出现了约一个多月。

一、认识强迫症

案例中的小齐后来被父母带到医生处检查，被诊断为强迫症。

强迫症是以强迫观念和强迫行为为主要表现的一种神经症。其中的强迫观念是指个人无法摆脱却极力想摆脱的想法或观念。而强迫行为是指个人不希望从事某一行为，却感觉到不得不从事这一行为。当强迫观念或强迫行为出现时，学生往往认识到这些行为或观念是非理性的，但就是有种不断重复这些观念和行为的需要。

在儿童期，通常强迫行为多于强迫观念，儿童的年龄越小强迫行为倾向就越明显。儿童强迫症多发生于 10～12 岁年龄段，患者智能多数呈正常状态。

强迫观念与强迫行为的形式表现是多种多样的。例如强迫计数，反复数天花板上吊灯的数目，反复数图书上人物的多少，计数自己走了多少步路等；有的表现为强迫性洗手，强迫自己反复检查门窗是否关好，反复点数钞票的数量，反复核对信件在装入信封时是否发生差错，反复检查作业是否做对了，睡觉时反复检查衣服、鞋袜是否放得整整齐齐等；有的患病学生表现为仪式性动作，如迫使自己上楼梯时必须一步跨两阶，走路时必须走两步跳一下等等。

对于患有强迫症的小学生，如果不让他们重复那些行为动作，他们反而会感到焦虑不安，甚至发脾气。如果让他们反复操作这类行为动作，小学生并不像成年强迫症患者那样，有强烈的内心矛盾和焦虑不安。一般来说，这些学生对自己的强迫行为并不感到苦恼和难受，只不过是刻板地重复这些行为而已。

二、强迫症的原因

一般认为，儿童的先天素质、性格成分、父母不良性格的影响、不当的家庭教养方式等等，均与强迫症的发生有关。儿童发病前常常有过于严肃、拘谨、胆小、呆板、好思考、不活泼等表现。患儿的父母也常有胆小怕事，过分谨慎和拘谨，缺乏自信心，遇事迟疑不决，事后反复检查，过于克制自己，呆板、缺乏兴趣爱好等不良的性格特征。

有些家长对于孩子过于苛求，如对卫生清洁的过分要求，对刻板的生活规矩的过分遵守等，都可能是诱发本病症的主要原因。儿童严重的疾病、外伤，突然的严重精神创伤或长期处于过度的精神紧张状态，均可成为诱发因素，导致症状发作。

三、强迫症的心理辅导

一旦学生表现出强迫症的症状，需要及时送到医生处，进行诊断和药物治疗。同时，辅导教师要积极地帮助学生，通过反复训练与对应性心理治疗，主动矫正那些令人苦恼的观念、意向或行为。下面介绍一些具体的心理治疗方法。

（一）树立信心

当学生患上强迫症后，辅导教师应同家长配合，帮助学生自觉认识和克服自己的性格弱点，指导学生处理问题要当机立断，帮助他们出主意、想办法，克服遇事犹豫不决的弱点，让学生了解人在其一生当中必然要面对各种各样的困境，不可能对每一件事情都处理得那么恰当与周全，出现一些问题是在所难免的。同时，还要鼓励学生对于自己要有正确的评价，应该看到自己的力量，树立战胜疾病的信心。

在鼓励孩子信心的同时，辅导教师应该给学生安排丰富多彩的生活，形成良好的生活规律，忘掉病患的痛苦。

（二）意念训练

当学生出现不可克制的强迫现象时，辅导教师要帮助学生用意念努力对抗强迫现象，使学生紧张恐惧的心情放松。同时，辅导教师必须告诉他们这种行为没有任何意义，想方设法分散儿童的注意力。

意念训练是一个长期的工作，当然，想要快速的取得效果是不可能的。这时，辅导教师要有具备毅力与耐心，计划长期的意念训练方案，并把平时的工作记录在案。通过反复训练，多数小学生的强迫现象才会逐步减少直至最后消失。

（三）培养爱好

辅导教师要鼓励患有强迫症的学生多参加集体活动，多与外界接触，努力培养学生多方面的兴趣与爱好，如唱歌、跳舞、听音乐、打球、跑步等，以所建立的新的大脑兴奋灶去抑制学生强迫症状的兴奋灶，转移患者对强迫症状的高度注意力，这样做对促进病情的恢复也很有好处。

（四）从家庭入手

一些强迫症产生的原因出自父母，辅导教师这时要从学生的家庭入手。父母的原因一般是性格偏异，如特别爱清洁、过分谨慎、过于刻板、经常优柔寡断迟疑不决等，这些毛病应及时予以纠正，否则会影响学生强迫症状的康复，更不利于其愈后的心理健康发展。

（五）行为疗法

对单纯用意念不能对抗的强迫症，可以采用"行为对抗疗法"帮助矫治。

行为对抗疗法，基本上是一种操作性条件反射过程，把对抗刺激与强迫行为反复多次结合，形成一种新的条件反射，使之与原来的强迫行为相对抗，以消除或抑制原有的不良行为。

行为疗法的具体做法是，叮嘱学生在右手腕上套进用三股皮筋圈组成的橡皮圈，一旦出现不可克制的强迫现象时，如反复计数、反复检查等，立即拉弹右手腕上的橡皮圈，以对抗强迫现象。橡皮圈的拉弹力量以手腕皮肤稍有疼痛感为宜，同时计数拉弹次数及强迫现象持续的时间。刚开始时需要拉弹 20～30 次，才能对抗强迫现象。经过一段时间的反复训练，当拉弹橡皮圈 3～5 次便能对抗强迫想象的时候，橡皮圈就可以脱掉。以后再出现强迫现象，就会立即想到手腕上橡皮圈的对抗力量，用自己的意念消退强迫欲望。

（六）森田疗法

由于强迫症的主要特征，是过分压抑和控制自己，因此强迫症的治疗和矫治，主要是减轻和放松精神压力，最有效的方式是任何事情都顺其自然，不要对做过的事情进行过度地评价和追忆。譬如，担心门没有关好，就让它没关好去；课桌上的东西没有收拾干净，就让它不干净好了；字写得别扭，就由它去吧。开始时，可能会由此带来相当强度的焦虑性情绪反应，但是由于患者的强迫性行为还远没有达到无法自控的程度，所以经过一段时间的训练和自我意志努力后，症状会逐渐消退乃至消失。

综上，经过多方的努力，学生的强迫症会得到有效控制，并最终根除。辅导教师必须与专业医师、家长共同配合，才能达到治愈学生强迫症的目的，凭一己之力是完成不了这个目的的，在这三方中，专业医师是主导角色，辅导教师和家长是配合的角色，辅导教师需认清这一点。

第六章　小学生常见心理问题的辅导

第二节　交往障碍的辅导

大东是一名小学六年级学生。尽管他已是 12 岁的男子汉了，但平时看起来却像是女孩子一般，特别害羞，怕与老师和同学打交道。他总是担心自己在老师、同学心目中的印象，一举手、一投足都生怕做错了什么，使得大家对他有什么不好的印象。他特别害怕同学们和他开玩笑，为了避免这种情况的发生，他尽量避免与同学们交往，结果是越少和同学们打交道，就越害怕交往，形成恶性循环，成为人际交往障碍。而小爽却与他不一样，别看他只是小学三年级的学生，却傲气得很。他总认为自己比其他同学聪明一些，与同学们在一起，总是趾高气扬，喜欢指手画脚，如果同学们不吃他那一套，他就发脾气，甚至骂人，弄得同学们都对他敬而远之，不想理他。

一、认识交往障碍

交往障碍可以是一个独立的心理障碍，即一个学生在学习、智力发育及与父母相处等方面可能都无问题，只是与同学或陌生人交往时不知所措；交往障碍也可以是其他心理障碍的一个从属表现，如抑郁的人自然不愿与人交往，对学校恐惧的人，也不知如何与其他同学交往。

一般来说，在诊断交往障碍的时候，一个重要的区分是判断退缩症状与分裂症状。如果一个儿童是属于交往退缩障碍，他就会因焦虑、担忧而不能与人交朋友，但一旦建立了良好的关系，他就会珍惜这种关系。分裂症状的儿童则对于与人交往根本就不感兴趣，只是对自己的内心世界感兴趣。精神分裂的儿童交往障碍是分裂症状造成的，与单纯性的交往障碍性质不同，治疗、干预的方法也截然不同。

二、交往障碍的原因

（一）家庭因素

幼儿时期是人生发展的重要时期，一些孩子却没有得到足够的关注与培养。例如，有的孩子从小不在母亲身边，对母亲缺乏依恋，情感较为淡漠，加之母亲对孩子的教育方式不当，缺少心灵的呵护，只有物质的满足，导致孩子与母亲之间没有充分的情感交流，亲子关系不和谐。母女间的交往模式影响来访者人际交往模式的形成。在与同学、老师交往中不善于采用适合的方法解决人际冲突，影响其社会性发展，对其人际交往影响明显。

（二）环境因素

一些学生从小至今没有特别好的朋友，很少主动与人交流，没有一个相对稳定的人际圈。在人际交往中，没有交流氛围，也没有学习的榜样，不清楚如何与人正确的交往。

（三）心理因素

1. 年龄特点

在小学阶段，自我意识逐渐增强。这一时期的学生，情绪反应强烈，易冲动。如果处于过激状态下或心境不佳时，就难以沟通意见，甚至产生对立情绪。在愤怒、苦闷、焦虑、怨恨、悲伤等不良情绪下都可能导致对交往的曲解。

2. 性格的缺陷

人的性格是在孩子社会化的过程中逐渐形成，与所处的家庭环境有很大的关系，与父母的行为模式也有关。"父母是孩子的第一任老师"，父母的行为方式会通过"社会模仿"变成孩子的行为。有些父母简单粗暴的教育方式成为孩子的模仿对象，孩子性格中"冲动"、"固执"的特点与家长不无关系。

3. 认知的偏差

有些学生在与人的交流中看问题只从自己的角度出发，对问题产生的理解具有片面性，对交往状况的认识和对他人的认识、评价出现了一定的偏差，不能准确地理解同学，也不能正确评价自己，导致交往行为的不当。不良的交往很重要的一条是认知失调和不良的思维方式所致。

4. 行为的失当

交往在一定程度上说是一种技艺，小学生的交往活动需要通过外显的交往行为来进行，但许多不良的交往行为、交往方式以及相对贫乏的交往技能训练，使得学生不能完美地处理交往过程的各种关系，形成人际冲突，造成交往上的被动。

三、交往障碍的心理辅导

对于存在交往障碍的学生，辅导教师应当首先诊断其交往障碍的具体表现，做到具体问题具体分析。例如，如果某一个孩子不受同伴喜欢，教师首先要判断他究竟是被人忽视，还是被人拒绝，这是两个不同的概念。又如，如果一个学生不善交往，不理睬同伴，教师要弄清楚，他是掌握了一定交往技能，仅是因为缺乏适当的强化而没有表现出来呢，还是根本就没掌握如何与人交往的技巧。对于这些不同的情况，应当区别对待，辅导的重点应有所不同。

（一）行为强化

行为强化改变的是行为发生的前后条件，不能改变人的内部特点，而交往障碍常常源自自我评价、自我认识，所以，单靠行为矫正难以奏效。

另一些心理学家发展了观察学习的技术，他在幼儿园里选出 19 个被认为是交往退缩的孩子，平均年龄为 4 岁，在自由活动时间里，与其他孩子一道玩的时间不足 20%。实验者将 19 个孩子分为两组，其中 9 人参加实验组，观看 11 个录像片，片中描述幼儿园的孩子是如何交往的，其中一个孩子扮演主动与其他孩子交往的角色，他主动接近其他孩子，关心他人的行为。在所有的录像片中，主动交往的小孩子都受到了强化，受到了同伴的尊重，是游戏活动中玩得最高兴的人。另 10 个孩子组成控制组，每天看非洲野生动物的录像。看录像 4 周后观察两组孩子的区别，发现实验组孩子的行为有了明显的改善，主动交往的行为增多了，包括向同伴微笑、与同伴主动讲话、与同伴一道游戏等，对他人表现出了更加浓厚的兴趣。这种结果可归结为观察学习的作用。

（二）教学指导技术

教学指导技术包括指导、提供榜样、练习、强化等环节，如教给学生学会问问题，提建议和给予同伴支持与帮助。经过这种训练与指导，过去被评价为人缘不好的学生都有了一定程度的改进。

在矫正中，利用社会技能较高的孩子做榜样，效果十分明显。主动交往的孩子对那些被动、孤僻的孩子有一种感染作用，可以作为他们的榜样。而且，一旦一个团体为某个交往退缩的儿童提供榜样，整个团体的交往水平都会得到改进。但也有人指出，对于那些严重退缩的儿童，仅提供榜样还不够，还要有专家的服务。

（三）重视交往能力

交往能力的训练与提高不单是一个涉及交往技巧的问题，而且是一个涉及心理健康、人格健康的问题，而对于社会技能的重视不够正是我们教育的误区之一。在片面追求升学率的影响下，一些老师和家长只关心孩子学习成绩，忽略了孩子全面发展，造成孩子的社会能力与智力能力发展的严重不协调。一些中学生甚至不会点燃气灶，不会洗衣服，即使是现在，仍有一些家长和教师认为，培养社会技能不过是练练嘴皮子，培养能说会道的虚伪者，只有素朴才是唯一的美德。这一观念的弊病在以考大学为唯一目的中学尚看不出来，而到了大学毕业，只知书本知识不了解社会实践的"书呆子"（被称为高分低能者）心理不成熟之时，家长们才承认其教育的失败。

事实上，交往能力与人的智力和学习总是相互影响的，一个开朗、活泼、主动与人交往的人，才有可能从他人和外界学习更多的知识，才能与外界有更多的信息交换。所以，特殊教育专家对于那些智力落后的学生，往往从改变其社会技能入手，包括教会他们遵守学校规则、学会独立生活技能和自我管理技能等，从改变其社会技能入手，可以提高其学习成绩。目前，差生的学习成绩落后也常是由于社会技能落后引起的，差生并不一定笨，有的还十分聪明，但就是贪玩、不知用功，他们之所以成绩上不去，主要是缺少学习兴趣，缺少自我管理的技能。他们自制力差，不能很有效地约束自己，兴奋点始终在游戏上，这与他们社会成熟度不够、心理上比别的孩子幼稚有极大的关系。对于这类差生，关键的任务是提高其自我管理水平，经过辅导与社会学习的培养，使其尽快地立世，尽快地成熟起来。

第三节　多动症的辅导

小阳是一个瘦小的学生。刚入学时，老师们都很喜欢机灵又活泼的小阳。可是，开学不到一个月，他就令所有任课老师感到头疼。

上课的时候，他根本坐不住，好晃椅子、东摸西摸、玩小东西。有时还偷偷摸摸地离开座位，猫下腰去拿同学的橡皮铅笔，去捉地上的小虫或玩脏东西，经常惹附近的同学注意力不集中，老师批评或暗示后有一定效果，但持续时间不长，我行我素。还没等老师转过身在黑板上写好一个字，他又在下面和同学讲空话了。有时候，他会搅得整个课堂不得安宁，使得老师无法再继续上课，种种现象表明这个学生不同于一般学生的好动。

和家长交流情况后，小阳的爸爸妈妈带他去医院看病，医生诊断小阳为多动症。

一、认识多动症

多动症的全称为儿童多动综合症，英文简称为 ADD，是小学生中常见的行为问题。主要特征是注意力缺陷和活动过度。多动症的表现是多动不宁为主的行为障碍，还有注意障碍、易分心、易激惹、坐立不安等。多动症大多在 8 ~ 10 岁的小学生中发生。

1845 年，德国医生霍夫曼第一次将儿童活动过度视作病症。此后，许多精神病学家、儿科专家、心理学家及教育家从不同的角度，对这类儿童行为问题进行了更深入的研究。1947 年，斯特劳斯等认为多动症是由脑损伤引起的，故将该症命名为"脑损伤综合症"。格塞尔和阿姆特鲁德在 1949 年对此提出了新的看法，认为这种症状是"脑轻微损伤"的结果。在之后的近二十年间，不少学者在对具有这一病症的患儿实施神经系统检查时发现，约有半数出现轻微动作不协调，以及平衡动作、共济运动和轮替动作等障碍，但没有发现瘫痪等脑损伤引起的其他症状，所以认为多动症不是脑轻微损伤的结果，而是由脑功能轻微失调所引起的。于是，1962 年各国儿童神经科学工作者聚会牛津大学，决定在本病病因尚未搞清之前，暂时定名为"轻微脑功能失调"，MBD 就是这种病症的英文缩写。1980年，美国公布的《精神障碍诊断和统计手册》中，将此命名为"注意缺失障碍"，英文简称为 ADD。

注意障碍和活动过度是多动症的主要症状。

患有多动症的孩子很容易受外界干扰而分心，做事情无长久性，很容易就将目光转向另一件事。如学生上课时被教室外面的脚步声、说话声或汽车喇叭声所吸引，或看黑板上、天花板上的污点，或追视偶尔飞进教室里的小虫等。做作业不能全神贯注，做做玩玩或粗心草率；做事不能坚持始终，不能按照规则、要求去完成，常半途而废或频繁地转换。当他们注意新事物时，则对原来的事物完全不再注意。

另外，患有多动症的孩子较正常孩子来说，他的活动过多。明显的好动，且不分场合，小动作严重增多。如过分地来回乱动，在教室内不能静坐，常常在座位上扭来扭去或站起，离开座位等；不时多嘴多舌，喜欢喧闹，喜欢玩危险的游戏，常常丢东西。在家里也是乱跑乱闹，干扰别人，就连睡觉也是翻来覆去。

还有一些表现也可以帮助班主任判别孩子是否是多动症，例如冲动任性；自制力差；行为障碍，如违反纪律等；神经系统轻微异常，表现为平衡能力弱，动作笨拙。

由于诊断标准不一，各国对多动症发病率的统计结果也差异较大。美国报道儿童的发病率为20%，而我国的统计结果是患病率不超出10%，其中男孩大大多于女孩，两者比例约为9:1。

二、多动症的原因

专家分析，一般三种原因可以引发儿童的多动症。

（一）遗传因素

遗传因素对于多动症的形成起到了很大的作用。大约40%的多动症患儿的父母，其同胞和其他亲属，在其童年也患此病，单卵孪生儿中多动症的发病率较双卵孪生儿明显增高，多动症同胞比半同胞（同母异父、异母同父）的患病率高，而且也高于一般孩子，上述几点均提示遗传因素与多动症的关系密切。

（二）家庭环境

不良的家庭环境是多动症的诱因。

近年来，很多家长非常注重对孩子早期智力的开发，提早让孩子进入学习阶段，使外界环境的压力远远超过了孩子力所能及的程度，这是目前造成小学生产生多动症（注意力涣散、多动）的原因之一。

此外，国内资料表明，在多动症患儿的不良家庭教育方式中，家长中所谓的"严格管教者"占61.7%，"放任不管者"占3.5%，"过分溺爱者"占7.05%。国外亦有学者认为，暴力式的管教，会使患儿症状发展，并增加新的症状，如口吃、挤眉、眨眼。而对患儿漠不关心、放任自流和过于溺爱等，常可能促使症状出现或使已有的症状加重。

（三）食物污染

铅中毒以及食品添加剂的过量使用，可能会诱发多动症。研究表明，严重的铅中毒可产生致命的中毒性脑病、痴呆等。也有研究认为多种食物添加剂如食用色素、多种饮料、糖果等可能是导致多动的原因，但这种结论还需进一步证实。

三、多动症的治疗方法

辅导教师若发现学生有多动症的现象，需要及时与该学生的家长沟通此问题，为孩子进行及时的治疗。目前对多动症的治疗是药物治疗与心理治疗的方法相结合。

（一）药物治疗方法

多动症所选用的药物大多是一些精神兴奋剂，如哌醋甲酯、右旋苯丙胺、苯异妥因等，这类药物的副作用不很严重，服用后可使患儿注意涣散状况有所改进，攻击性行为减少。但仅靠药物是远远不够的，因为这种病症原本就存在着生理及心理的多重病因，所以在使用药物疗法时还需要结合一系列的心理治疗。

（二）心理辅导方案

一般对多动症儿童的心理治疗方法有自我控制训练、放松训练和支持疗法等。

1. 自我控制训练

自我控制训练的主要任务是通过一些简单、固定的自我命令让学生学会自我行为控制。例如出一道简单的题目让学生解答，要求其命令自己在回答之前完成以下四个动作：停——停止其他活动，保持安静；看——看清题目；听——听清要求；最后才开口回答。这一方法还可以用来控制学生的一些冲动性行为。例如带孩子过马路时，要求在过马路之前完成停、看、听等一系列动作。由于在训练中，动作命令是来自于学生的内心，所以一旦动作定形，学生的自制力就能大大提高。在进行自我控制训练中要注意训练顺序，任务内容应该由简单到复杂，任务完成时间应该慢慢加长，自我命令也应该逐渐增多，一切都是一个循序渐进的过程。

2. 放松训练

放松训练是近年来治疗儿童多动症的一种新尝试，效果颇佳。由于患有多动症的学生身体各部位总是长时间处于紧张状态，如果能让他们的肌肉放松下来，症状就会有所好转。放松训练可采用一般的放松法或使用在有关医生指导下的生物反馈法。训练时间要集中，可以一连几天，从早上一直训练到晚上，其间除了学生吃饭、休息外，其余时间都按计划进行训练。在施行放松训练时，每小时放松 15 分钟，当学生达到放松，辅导教师可以给一些物质奖励。其余 45 分钟可安排学生做一些感兴趣的游戏，但一到放松时间就必须结束游戏。

3. 支持疗法

支持疗法单独使用效果并不明显，主要是与其他治疗相结合，用来帮助学生解脱受挫折以后的情绪抑郁和由学习困难而导致的自尊心不足。在实施过程中，辅导教师和家长要尽量配合，对学生进行鼓励，帮助他们树立信心，一旦病情有所好转，就给一些奖励。

第四节　嫉妒心理的辅导

　　盈盈一直受到老师喜欢，三年级到五年级在班里都是班长。三、四年级时成绩优秀，小干部工作也负责任。进入五年级后，班里转来一位漂亮的女生晶晶，各方面表现都很优秀，为人正直、善良。于是在班干部竞选中，晶晶顺利地当选为中队长。不论是学习成绩还是小干部工作都做得一丝不苟。可这一切对盈盈来说却成为了愤怒的源头，晶晶表现越好，盈盈心理越是不平衡。她上课不再积极发言，工作态度也变得消极、冷漠了。还处处观察晶晶的言行，找她做得不妥的地方，甚至还要求班级里的女生不要和晶晶玩。

一、认识嫉妒心理

　　嫉妒是人的一种不平衡心理，是指对他人优于自己或可能超过自己而产生的一种担心、害怕或愤怒的心理状态。它是对别人的优势以心怀不满为特征的一种不悦、自惭、怨恨、恼怒，甚至带有破坏性的负情感。所以，嫉妒心是一种消极、有害的病态心理，也是一种不健康的社会心理。案例中的盈盈对自己的同学晶晶产生了嫉妒心理。

　　现在的学生多是独生子女，他们常常以自我为中心。当他们考试取得了好成绩，甚至是吃了什么特别的东西，都要在同学面前炫耀一番，有时还会在老师或家长面前说那些比自己表现好的孩子的坏话。六年级以下的孩子，归属感刚刚形成，喜欢结成小团体。他们无论是嫉妒他人，还是表现自己，都是不加掩饰的，因此经常会产生一些矛盾冲突。

　　嫉妒心理和行为会影响小学生的身心健康，强烈的嫉妒心理可能会使学生的生活变得"畸形"，陷入忧郁苦闷之中，甚至攻击别人，害人害己。因此，教师要帮助学生消除这种不良的心理行为，让他们健康成长。

二、嫉妒产生的原因

学生之所以会产生嫉妒心理，有多方面的原因，主要分为外在原因和内在原因。

（一）外在原因

一些教师对学生的评价不公，褒贬不当，造成学生之间在对比中产生了心理差距，从而诱发部分学生的嫉妒心理。

另外学生的家长也可能是嫉妒心理产生的"元凶"。有些家长向学生灌输不正当的竞争心理，一味满足孩子的虚荣心，只看考试排名，不看进步与否。这些错误的言行都会影响学生的认知，当有同学强过自己时，自己就难以忍受，进而产生嫉妒心理。

（二）内在原因

有些嫉妒心理是由于学生个体之间存在着差异和某些学生存在着不健康的竞争心理所致。学生虽然在同一个年级和环境里学习和生活，但是，由于他们之间存在着智力和非智力因素的差异，在某方面有可能甲同学超过了乙同学，或乙同学超过了甲同学，甚至平时较好的同学被较落后的同学超过。对此，若没有健康的竞争心理和虚心学习的态度，就容易产生嫉妒之心。

三、嫉妒心理的辅导

辅导教师对存在嫉妒心理的学生可采取以下的辅导方法：

（一）积极引导

辅导教师首先要让学生认识到自己的问题，并且配合辅导，这是辅导成败的关键。辅导教师可以先让学生表述自己的行为，发现自己存有嫉妒行为，从而配合矫正是极其重要的。

然后教师要让学生明白嫉妒的意义和危害，从认识上转变学生对嫉妒的理解，让学生了解这种嫉妒的心理和行为是错的，从态度上愿意改变现状。

（二）消除外部因素

人的社会心理是通过长期生活实践和家庭、学校、社会教育而逐步形成的。青少年的嫉妒心理和行为，开始时一般是家庭教育有缺陷，教育不当而引发的。其次，教师对青少年嫉妒心理的形成也有着强烈的激化作用。

1. 与家长沟通

一些学生的家庭环境比较优越，家长比较溺爱孩子，这都会让学生养成任性好强的性格；有些家长对孩子的过度严格和过高期望，加重了学生的心理负担，使他有强烈的超越一切人的愿望。

碰到这样的情况，辅导教师可以从学生的家庭入手，通过与学生家长的沟通，让家长认识嫉妒的危害以及教育方式的错误，并且让家长配合教师的心理辅导工作，降低对学生的期望值，改善家庭的教育方式。例如不要过多用"荣誉"强化；不要施加过重压力；正确看待成功与失败；实事求是，正确看待名利，等等。

2. 与班主任沟通

有些嫉妒心理的产生是由于不健康的学习环境，例如班主任只关注成绩好的学生，忽略成绩差的学生；每次考试都搞班内排名，弄得考试前后同学们关系紧张；等等。

若是这样的原因，辅导教师务必要改善学生的学习环境，与班主任进行沟通，尽量废除不合理的班级制度，让班主任关爱每一个学生。当班内的环境改善后，学生的嫉妒心理也会相对好转。

（三）连环巩固

嫉妒心理和行为的纠正需要一个漫长的过程，可能还会出现反复。此时的心理是健康的，可能过一阵就不健康了。矫治嫉妒心理和行为离不开对学生心理变化的不断巩固与引导。辅导教师可以采用连环巩固的技法，鼓励学生自我努力，自我克制，纠正原有不合理的认知结构，杜绝心理问题的再现。

第五节　厌学心理的辅导

　　明明是一名小学三年级的学生。父亲是一家商店的副经理，中专毕业，工作繁忙，经常出差在外，家里的事顾不上。母亲在某物资回收公司工作，高中文化程度，中午不能回自己的家吃饭，很少有时间过问孩子的学习。据母亲介绍，她是"文革"中毕业的高中生，没正经八百学什么东西，数理化基础较差，看孩子三年级的数学课本都相当吃力，辅导工作无法胜任。

　　一、二年级时，明明的学习成绩还算可以，中等偏上。从三年级开始，学习成绩迅速下滑，语文成绩从原来的 90 多分降至 80 分左右，数学成绩从原来的 90 分上下降到及格线的边缘。看到孩子学习成绩下降，父母非常着急。父亲脾气暴躁，气极了就打，有时打得孩子胳膊、腿到处是伤，伤口好久不能愈合。母亲心疼孩子，多次找班主任求助。班主任对明明似有成见，认分不认人，家长与班主任之间关系冷淡。为此，孩子产生强烈的厌学情绪，认为再怎么学也白搭了，有时一提学习就头痛，还有其他身体不适，但对画画颇感兴趣。母亲曾带孩子到医院检查，西医中医都看过了，查不出什么毛病。

一、认识厌学

　　据调查，在小学阶段，有厌学情绪的小学生占总数的 5% ~ 10%。

　　厌学是指学生在主观上对学校学习失去兴趣，产生厌倦情绪和冷漠态度，并在客观上明显表现出来的行为。轻者，厌学的孩子对上学不感兴趣，但迫于家庭或外界压力又不得不走进学校。在校学习状态消极，学习效率低下，人也会变得烦躁不安，多思多虑，容易发怒，注意力不能集中，甚至看什么都不顺眼，对自己和别人都感到厌烦，每天如生活在水深火热之中。重者，当觉得自己无论如何再也学不进去的时候，当他觉得上学学习对他来说简直就是一种折磨的时候，他就可能会从心底产生对上学和学习的厌恶情绪，最终可能会选择退学、离家出走等极端行为。

学生一旦厌恶学习，那么要想让他们自觉主动地学习，便成为一句空话，他们会采用各种方法逃避学习，逃避父母和教师的监督，视学习和学校如洪水猛兽。这样，即使父母不断地命令他学习，他都不过是应付了事，更别指望他主动地去求知了。所以，厌学是孩子学习的最大"克星"，也是造成孩子不听话的主要原因之一。

厌学有轻重之分：偶尔对某项作业、某门学科或者对某位教师、某个学校产生不满，这是较轻微的厌学；经常性地对某项作业、某门学科或者对某位教师、某个学校产生厌烦，并偶尔伴有一些如头痛之类不舒服的生理反应，这是中度的厌学；习惯性地对某项作业、某门学科或者对某位教师、某个学校产生厌恶，经常伴有头痛、呕吐等不良的生理反应，这是较严重的厌学。

二、厌学的原因

厌学的原因主要有如下几点：

（一）学习动机不明确

一些学生存在对学习的错误认识，这是产生厌学情绪的主要原因。具备这种错误认知后，学生开始对学习采取了应付差事的态度，甚至为学所困，产生厌学的情绪。

这些错误认知通常有以下几点：

1. 学习是为了老师或父母，不是为了自己；

2. 学习没有什么用，有许多哥哥姐姐学习不好，依然功成名就；

3. 这几次考试都没考好，以后也考不好的，学了也没用；

4. 老师都不关心我，我干嘛要学习；

诸如此类的错误认知影响了学生的学习，所以，辅导教师可以从认知

158

入手。

（二）学习兴趣小

由于学习的压力，以及有些教师的教学方式存在问题，有些学生认为学习是一件非常枯燥的事情，产生厌烦的情绪，学习兴趣大大减弱，更有甚者以逃避的方式去应付学习，或者把大部分精力放在别的事情上，直接导致学习成绩的下降，更加打击他们学习的兴趣，形成一个恶劣的循环。

（三）学生性格孤僻

一些学生厌学是出于自身性格问题，他们不愿意和同学、教师、家长交流，自我封闭，孤立而又唯我独尊，所以深处集体中却找不到自己的位置，似乎把自己当成了一个局外人，没有竞争意识，缺乏学习的自觉性和积极性。

（四）家长对孩子的漠视

厌学的情绪或行为的产生还有一个重要原因是家庭原因。

有些孩子的父母工作繁忙，对孩子关心较少，失去了与孩子交流的机会，也很少过问孩子学习和生活，久而久之，父母和孩子之间形成了隔阂。他们只是看到学习成绩下降便恨铁不成钢，却从不考虑如何将铁炼成钢。由于他们把大部分时间都放在了工作上，也失去了与教师的联系，无形中就使孩子在精神状态上形成了一种松解、懒散、无所谓的态度和习惯。

三、厌学心理的辅导

相对于厌学行为，学生的厌学情绪更普遍些，并且有逐年上升的趋势。但是，无论厌学行为还是厌学情绪，都会对学生的学习造成极大的阻碍，辅导教师可以采取以下一些方法对此类学生进行辅导。

（一）强化学生的优点

要想帮助厌学的学生改变现状，教师必须做到心中有数。为了更好地掌握他们每天的表现情况，教师可以专门为他们准备一个记录本，让班级干部负责每天为他们写一条优点，记录本定期返回给教师。这样教师对他们的内心和日常表现能够深入了解，包括上课发言的每一句话都清楚记录。一直坚持并采用随时记录随时表扬的方式，对厌学同学给予鼓舞和激励。他们受到表扬也会更加严格要求自己，表现出的优点就会越来越多，学习积极性、听课、完成作业等方面都会有所好转。教师再根据学生记录本上的真实情况，在适当的机会找他们谈心，让他们感受到在教师眼里，他是一个具有很多优点的学生，让他重新认识自己，重新树立自信。随着谈心次数的增多，师生感情加深了，教师再以"建议"的方式告诉他们"如果这样做会更好"。渐渐地，他们就能主动克服自己的不足。这时，教师再及时对他们的表现给予肯定和表扬等正向强化，鼓励他们继续努力、持之以恒。

（二）维护学生的自信

面对问题，用积极的情绪维护厌学学生的自信非常必要。只有耐心面对，积极解决，教师才能在学生中树立威信，发挥教育作用。

辅导教师要建立起学生的"自信城墙"，并且不到万不得已，教师不要向父母"告状"。虽然个别学生会一时表现不好，但他们并不想家长知道，让父母失望或生气。教师如有能力解决就不要一味地告状。尽管教师与家长沟通、联系，互相告知在家、在校的表现是必要的，但有时适当的隐瞒也是必要的。不过，学生表现好的地方让家长知道，这样做的目的就是要维护厌学学生本已脆弱的自尊，给他们喘息、改正的机会，而且，要尽量少批评。学生表现不好的地方，争取用摆事实、讲道理的方式，以理服人。有的时候，也许做到这一点很困难，但是只有这样做才会奏效。

（三）指导学生学会学习

其实，有些学生厌学，不是他们讨厌学习，而是因为不会学习，产生无力感，才生成的消极情绪。那么，指导学生学会学习就是解决这个问题的一个有效途径。

辅导教师首先要让学生端正学习态度，明确学习目的，把学习活动真正当成一种内在需要，彻底打消为老师、为父母学习的念头。其次要介绍给他们正确的学习方法。"工欲善其事，必先利其器。"方法得当，必定事半功倍，如学习要注意"三先三后"——先预习后上课，先复习后做好系统复习，先独立思考后请教别人；要有计划、分科目地做好系统复习；合理利用时间和大脑，不搞疲劳战术，以质取胜；努力提高学习效率等等。最后就是要培养学生养成良好的学习习惯，如按计划学习的习惯，专时专用、讲求效益的习惯，独立钻研、务求甚解的习惯，查阅工具书和资料的习惯，善于请教的习惯。当学习成为一种习惯，学生就不会再把学习当成负担。

（四）教会学生反思自我

著名教育学家苏霍姆林斯基曾经说过："同情人，对人由衷的关怀，这是教育的血和肉，教师不能是一个冷漠无情的人。"

辅导教师若对学生厌学的情绪或行为进行责备，反倒会伤害学生。毕竟，学生是厌学的最大受害者，并且有些责任并不在他们自己。辅导教师应该让学生感受到关怀，给他们改正错误的勇气，进而教会学生反思自己的厌学情绪或行为，让他们从根本上认识错误。只有学生想自己解决问题了，问题才能得到彻底解决。

辅导教师可以采取让学生写日记的方式，记录自己的心理成长轨迹，过去以及今后的所思所想，做到反省与对比。经过长时间教师与学生的共同努力，厌学的种种表现以及心理一定会被消灭。最终，学生能切身感受到学习的快乐。

第六节 逆反心理的辅导

　　小照是一名小学五年级的学生。他的母亲做事严谨，性格要强，很重视儿子的行为养成教育。上学前为孩子报了各种特长班。从一年级开始，母亲便每天晚上辅导孩子写作业，一刻也不放松。在母亲的严格管教下，学习成绩还算可以。四年级时，学习负担加重，测验时有过几次将及格，母亲非常着急，并指责孩子笨，没指望。母亲为孩子请家教，加大作业量，取消特长班。迫于母亲的压力，孩子学习也还努力，但成绩一直徘徊在中下游水平，在班级里属于不受重视的一族。五年级开学初，一次数学考试得 96 分，但同学却说他的成绩不真实，母亲对此也表示不信任的态度，因此其对学习失去兴趣，上课不参与学习活动，与老师作对，逆反行为明显；课下经常与同学争执、捣乱，行为开始出现异常，与同学的关系变得很紧张，学习成绩更是一塌糊涂。

一、认识逆反心理

　　逆反心理是客观环境与主体需要不相符合时产生的一种心理活动，即具有强烈的抵触情绪。小学生对于这个世界是好奇的，但因心理、思想、思维品质发展不够成熟，社会阅历、实践经验较少，常常会与成人的要求和社会规范的约束发生矛盾和冲突，而产生逆反心理，这是孩子在成长过程中经常会出现的一种正常的心理反应。但是，凡事都有一个度，严重的逆反心理还是会成为小学生正常生活的阻碍。当小学生出现有严重干扰性质的逆反心理时，教师要及时进行辅导和矫正。

二、逆反的原因

逆反是一种比较复杂的心理现象，有专家对小学生的逆反心理进行了研究，发现它的产生主要是以下几方面共同作用的结果。

（一）自身性格

1. 好奇心

小学生好奇心强烈，探究欲望旺盛，对任何事情都希望探个究竟，对于家长和教师的明令禁止的事情更是如此，非要看看违反了以后会出现什么结果。

2. 自我意识

随着小学生的生理、心理不断完善，他们活动范围扩大了，活动能力增强了，于是，自主意识萌发了。他们要求自己的事情自己干，自己的事情自己决定。他们会挣脱师长的管制，竭力自行其道。

3. 认识问题狭隘

有些小学生看问题易偏激，喜欢钻牛角尖，固执己见，走向极端。这些学生自尊心很强，但有时又不能正确地维护自己的尊严，尤其当他们屡遭挫折、失败后，可能一蹶不振，自暴自弃，显得意志薄弱；对老师、同学的帮助置之不理，甚至把教育者的劝说、告诫看成是"管、卡、压"，看成是吹毛求疵，是嘲弄自己，是对自己自尊心的伤害，因而把自己放在了教育者的对立面，继而产生逆反心理。

（二）家庭教育

1. 处理问题不当

由于某些家长处理问题不当，小学生的自尊心又比较强。比如，在处理问题时不从实际出发，坚持统一标准，碰到问题只凭主观臆测就作这样或那样的处理，对不同的学生采取不公正的态度，甚至未经深思熟虑，不问青红皂白，采取过激的措施，这就很容易挫伤学生的自尊心，导致逆反心理的产生。

2. 简单粗暴

简单粗暴的教育方法会导致子女过大心理压力，出现逆反心理。比如，家庭破裂会给子女造成心理创伤和失落感，学生在家庭中得不到应有的温暖和鼓励，容易形成孤僻的性格，产生自卑的逆反心理。

（三）学校教育

1. 区别对待

优等生常生活在教师"和颜悦色""和风细雨"的教育环境中，而劣等生的处境则是"横眉冷眼""风霜雪夜"，但他们因为成绩的落后，能力的不够，只能"忍气吞声""听天由命"，长此以往，学生产生了对教师的不满、排斥和背离，甚至反道而行。

2. 教学方法不当

一些教师不能因材施教，而搞满堂灌、一刀切，久而久之，往往导致基础差的学生产生厌烦情绪，从而使学生降低或丧失学习信心，感到自己无论如何努力，也不可能获得良好成绩，消极情绪占了上风，在这种情况下，如不加以引导，容易产生敌对情绪。

3. 言行不一

教师把社会道德行为准则教给学生，就其本身来说有两条途径：一是口头讲解或劝导；另一是展示自己的实际行动。这两个方面都是需要的，但在发生矛盾的情况下，自己说的是一套，做的又是另一套，就很难发挥教育作用。这种矛盾会大大降低教育者的威信，也会使学生反感，对一些正面宣传教育的信息产生逆反心理。

三、逆反心理的辅导

对于小学生的逆反心理，辅导教师可以采取以下几种方法

（一）从家庭入手

辅导教师可与家长取得联系，让家长在家创造良好、民主的家庭环境，和孩子交朋友，多鼓励、表扬，少批评、责骂，合理对待孩子的需求，不挫伤他的自尊心，尊重他，信任他。经常鼓励他为自己的目标而努力，使他在学习上有个明确的目标。同时也让他感受到亲人的关心，慢慢地消除他的对立情绪。

（二）正面疏导

辅导教师要避免直接批评有逆反心理的学生，不要与他发生正面冲突，要注意保护他的自尊心，采取以柔克刚的教育方式。在辅导教师对其进行个别辅导时，要动之以情，晓之以理，耐心帮助他分清是非，意识到自己的错误，愿意配合辅导教师的行动，改正自己的问题。

　　有些小学生逆反心理比较顽固，不是一、两次说服教育就可消除的，辅导教师需要进行多次辅导。在辅导过程中，应多观察学生的情绪变化，经常与他交流、沟通，深入了解他的内心世界，找到逆反产生的真正原因。

　　（三）挖掘学生优点

　　辅导教师可以秉承因势利导，扬长避短的方针，挖掘学生身上的闪光点，充分发挥其作用。老师的信赖、同学的支持使他的树立起责任心。学习上的进步更要及时地表扬他，使他有一种成就感的满足，同时此时也趁势指出他的不足，让他迎头赶上。

第七节 抑郁心理的辅导

小刘是一名 10 岁的女生。平日学习成绩优异，但她的性格十分孤僻、冷漠，从不主动与人交谈，自我评价极高。事事总要争个第一，受不得半点委屈。一次考试没有达到自己预定的分数，她竟然冲动得要跳楼自杀；一次大扫除，她被同学误会没有参加，并被告之老师，刘某某知道此事后，心理受到极大打击，她不解释、不说明，而是借用痛哭、咬手指、摔书包等冲动行为进行发泄，发泄之后，人像泄气的皮球似的，目光呆滞，一动不动地坐着，老师、同学不知如何是好。

一、认识抑郁心理

抑郁是一种持久的、以心境低落为特征的神经症，其症状表现可从认知、体验和意志行动三方面反应。其行为表现为：自我评价过低，对前途、希望看得非常悲观，容易产生自卑、自责心理，觉得生活了无乐趣，甚至是一片暗淡；表现出情绪抑郁、悲伤、绝望；长期精神不振，疲乏无力，不愿主动与人交往；情绪低落，意志消沉。而当精神压力超过了他们的意志力所能承担的限度时，有的就会采用企图以外部的过激行为达到清除自己精神负担的自残举动。

二、抑郁的原因

（一）缺乏关爱

早期缺乏温情的爱并形成内疚感。许多抑郁的人，早年往往没有得到应有的抚爱，使之缺乏心理上的安全保障感，进而因为自己的缺乏和不足，不受重视而感到内疚，转而惩罚自己，认为问题和失败都是因为自己不好，自己无权享乐。所以，抑郁成了他的一种生活方式。

（二）学习上的挫败感

学习的无能为力感和无助感。由于父母过于保护孩子，不允许其独立处理生活中的各种问题，导致一些生活能力、学习能力差的儿童往往认为自己的行为不能对环境产生影响，因此，在困难面前，束手无策，悲观失望。

（三）成长环境不良

离异的家庭、对孩子要求高而又不善于同孩子沟通的家庭，不允许孩子失败，不允许孩子解释，孩子容易变得抑郁寡欢。

（四）自身疾病

青春期女生，很容易出现内分泌失调、缺铁性贫血、甲状腺功能失调、食物过敏、血糖不正常等。这些都可能造成心情抑郁，精神萎靡。

三、抑郁心理的辅导

如果辅导教师在工作中发现小学生存在抑郁心理，应及时采取办法进行辅导，以免抑郁情况加重。下面介绍一些方法供教师们参考。

（一）关爱学生

抑郁心理儿童心灵敏感，思维复杂。他们性格古怪，处事冷漠，但是他们同样有着归属于班集体、得到他人信任、关心、尊重、赞赏的需要。这种需要如果得不到满足，便很难处理好和同学、老师的关系，造成心理上的障碍。反而言之，如果我们为其创设一个宽松、和谐、温暖、接纳的心理氛围，便会激发他们积极的情感因素，增强心理活力，培养较强的自制力和心理适应能力，冲淡苦闷，排除各种干扰，使之愉快地接受帮助和辅导。

在对抑郁心理儿童的辅导过程中，辅导教师除了明确向他们表示关爱外，还特别注意无意识信号的传递。如：当他完成某一项任务后，投给他赞赏的眼光；在课堂上用鼓励的眼神促进他的学习；当他沮丧时，轻轻地抚摩他，用身体语言让他体会到你的关心；当他成功后，用热烈的掌声和欣赏的笑容向他表示祝贺……这些信任、鼓励式刺激信号都能让他们深深体会到你的关注和爱护，减轻对你的戒备心理。其次，辅导教师需要做一些背景调查工作，了解他们所处的家庭环境、父母情况，针对不同背景来源的学生采用不同的方法进行辅导矫正工作。再次，注意在日常班级管理及课堂教学中渗透关爱，给予支持，让他们体验到集体的温暖。

（二）运用同感

同感是个别心理辅导中常用的一项技术，就是辅导教师站在学生的立场去倾听学生，不仅注意他所说的内容，更要去体会他的内心感受。在辅导过程中，辅导者把自己的信念、价值观等搁置一边，从受辅者的角度去体察，达到对受辅者的近乎"感同身受"的这样一种理解境界。罗杰斯曾说："感受当事人的私人世界，就好像那是你自己的世界一样，但又绝未失去'好像'这一品质——这就是同感。"中国有句老话叫"将心比心"，也正是同感理解的最高境界。一个辅导者如果做不到这一点，他是绝不可能了解受辅者心理感受的，当然也无法理解受辅者的行为举动。辅导者在每次交谈中，都把自己角色替换成当事人，与之同乐，与之同悲。不只用耳朵去认真听，更用心去细细体会，理解归因后，再与他们共同进行分析，并达成共识，从而平抚受辅者的激动情绪。这样的谈话，使学生觉得轻松平等，没有课堂上的那种拘束感，因此更容易与辅导教师产生共鸣，也会让学生有安全感，渐渐对老师产生依赖情感，这样十分有利于辅导工作的和谐进行。

（三）帮助学生参与活动

心理对客观现实的反映，是在人的活动中形成的。学生的活动从内容上可分为：课内活动、课外活动以及休闲活动。它们对儿童健康心理的发展尤为重要。辅导者应充分利用活动的有利条件，帮助那些儿童在集体活动中矫正偏常心理，学会正确交往，树立自信心、自尊心及自强心，培养参与意识，体验成功的喜悦，逐步摆脱阴影，形成健康的心理。

1. 课堂活动

学生在课堂上学习知识，课堂是学生的第二个家。学习对于小学生来说是一个艰苦的脑力劳动，他们在学习中必须正确组织自己的学习过程，克服各种困难，培养正确的学习动机、持久的学习兴趣及学会在正常的人际交往中培养集体主义情感。辅导者可利用学习活动，对偏常心理儿童进行辅导矫正，充分利用课本知识及自创活动，帮助心理偏常的儿童重塑自我。

2. 课外活动

小学生的课外活动形式多种多样、内容丰富多彩。随着素质教育的深入发展，少先队组织根据小学生的心理及年龄特点、自理能力，开展了一系列促进小学生意志品质、道德规范、创新能力等活动。辅导教师可以利用此类型的课外活动，促使有抑郁心理的学生与他人进行交往。

3. 休闲活动

"休闲"是指每个人在完成工作和满足生活要求后，由他自由支配时间的一种状态。对于一个热爱生命的人来说，休闲不是偷懒，不是只顾一时不顾将来，休闲不是只有失而无所得，休闲也不能看作是学习的空档，可以随便填补。休闲是一门学问、一门科学，它对心理健康而言同样具有重要的影响。心理学家认为，通过休闲能松弛身心，平衡劳逸，滋润人生，创造新的生机；休闲能随时根据个人的需要、兴趣、爱好等个性特点和个人所处的微观社会关系来决定，有重新定位的作用，使人产生喜悦、兴奋、优胜、成就、个人价值等感情特征，增强积极的自我形象，产生自我满足感和幸福感；休闲活动除了发展个人的兴趣爱好、满足个人心理需要上的作用外，它也是自我理解、自我发现和自我发展的一种手段。

附　　录

小学生心理健康的调查与研究报告

一、导言

为达到心理健康教育之目的，2002 年教育部在《中小学心理健康教育指导纲要》中，对心理健康教育的主要任务做了明确规定：全面推进素质教育，增强学校德育工作的针对性、实效性和主动性，帮助学生树立在出现心理行为问题时的求助意识，促进学生形成健康的心理素质，维护学生的心理健康，减少和避免对他们心理健康的各种不利影响；培养身心健康，具有创新精神和实践能力，有理想、有道德、有文化、有纪律的一代新人。然而，小学阶段是儿童接受教育的最佳阶段，最容易使其形成良好的心理品质。同样，这阶段的儿童也容易受到不良因素的影响，心理学家的研究表明，许多成年人表现出来的心理问题，大部分时间在其童年生活中找到线索，换句话说，儿童时代受到不良影响，将成为其成年生活中的种种心理问题的隐患。因此，我们每一位老师必须了解这一阶段的儿童最容易产生的心理问题，有意识、有目的地对学生进行心理健康教育，为儿童的未来生活打下良好的基础。

二、实践设想

通过网络、报刊搜集小学生心理健康教育的案例，感知小学生心理健康的现状以及不良因素给学生心理带来的严重后果。调查小学生对日常生活的态度以及家长对子女的关爱程度比例；调查在处理一些学生心理问题的合适方法。

三、实践要达到的目标

1. 初步培养学生围绕问题搜集、调查、整理、研究材料的方法和能力。

2. 通过有关的调查，感知小学生心理健康的现状以及不良因素给小学生心理带来的严重后果，达到帮助学生树立在出现心理行为问题时的求助意识，促进学生形成健康的心理素质，维护学生的心理健康，减少和避免对他们心理健康的各种不利影响的目的，使参加活动的所有学生具有创新精神和实践能力，做有理想、有道德、有文化、有纪律的一代新人。

四、实施步骤

1. 通过网络、报刊搜集小学生心理健康教育的案例和有关数据，感知小学生心理健康的现状以及不良因素给小学生心理带来的严重后果。

2. 制作调查问卷。按实践的设想，根据自己的意向制作所有项目的问卷，然后综合整理出下面用来实施调查的问卷：

3. 学生实施调查。

附调查问卷：

小学生心理健康现状调查问卷

卷首语：同学们！21 世纪是机遇与竞争并存，希望与痛苦并存，光荣与苦难并存的时代，人类将迎接来自许多方面的严峻挑战。心理素质将是21 世纪人类生存和发展的重要素质，心理健康将成为 21 世纪对人才选择的重要条件，为此特举行这次心理健康现状问卷调查，希望同学们如实填写。（注：学校、班级、性别必须填写，姓名可不写；总共 22 道选择题，每一道只能选择一个答案；希望同学们如实填写）

学校：＿＿＿＿＿＿＿＿

班级：＿＿＿＿＿＿＿＿＿

性别：＿＿＿＿＿＿＿＿＿

姓名：＿＿＿＿＿＿＿＿＿

1. 你上学读书是为了（　　　）

　　A、没有知识不能生存　　　　B、替老师学习　　　　C、替父母学习

　　D、读书后赚大钱　　　　　　F、同学间好玩

2. 课堂上老师提问（　　　）

　　A、马上回答　　　　　　　　B、想一会再回答

　　C、等别人答　　　　　　　　D、老师抽问才答，一般不回答

3. 老师布置的作业（　　　）

　　A、认真完成　　　　　　　　B、完成一些

　　C、不完成　　　　　　　　　D、边做边玩

4. 期末考试时（　　　）

　　A、心情紧张　　　　　　　　B、有点紧张

　　C、无所谓　　　　　　　　　D、有信心，不紧张

5. 爸爸妈妈回家晚了感到不安。（　　　）

　　A、是　　　　　　　　　　　B、不是

6. 看电视遇到伤心或感人处时（　　　）

　　A、跟着流泪　　　　　　　　B、没有眼泪

　　C、那是假的　　　　　　　　D、非常激动

7. 和同学在一起，你感到（　　　）

　　A、快乐　　　　　　　　　　B、一般　　　　　　　C、不合群

　　D、孤独　　　　　　　　　　E、自卑

8. 见了认识的长辈（　　　）

　　A、主动热情招呼　　　　　　B、不好意思　　　　　C、躲起来

9. 家里来了陌生客人：（　　　）

　　A、喜欢　　　　　　　　　　B、主动招呼

　　C、不理睬　　　　　　　　　D、怯生

10. 与新朋友在一起（　　　）

A、主动邀请一起玩　　　B、不好意思接近　　　C、只顾自己玩

11. 受到委屈时（　　）

    A、为自己辩解　　　　　B、与人争吵　　　　　C、独自生闷气

12. 你心中的秘密最想告诉（　　）

    A、老师　　　　　　　　B、家长

    C、好朋友　　　　　　　D、谁也不说

13. 当别人不小心踩了你一脚时（　　）

    A、原谅　　　　　　　　B、要求对方道歉

    C、骂对方　　　　　　　D、反踩他一脚

14. 对小动物，你（　　）

    A、喜欢　　　　　　　　B、不伤害

    C、捉弄　　　　　　　　D、喜欢弄死

15. 学校做清洁时（　　）

    A、认真做　　　　　　　B、老师在就认真，不在就马虎

    C、边做边玩　　　　　　D、不做要受罚，只好做

16. 对左右为难的事要果断选择一种方法（　　）

    A、是　　　　　　　　　B、不是

17. 做事不成功时，你是（　　）

    A、不服气，再做　　　　B、总结教训

    C、请别人帮助　　　　　D、不再做

18. 对学校的纪律和常规要求（　　）

    A、自觉遵守　　　　　　B、老师来就遵守

    C、有时违犯　　　　　　D、经常违犯

19. 竞选干部时（　　）

    A、我能行 努力争取　　B、当干部要多做事　　C、无所谓

      D、不愿当　　　　　　E、我不行

20. 你是这样想的或这样做的请打√，否则打×。

    A、校园有纸屑，不是我丢的，我才不捡。（　　）

    B、在操场上体育课，教室灯亮着，不关我的事。（　　）

C、自来水没关，又不是我交钱，不管它。（　　　）

22. 你到学校的心情是（　　　）

　　　A、愉快　　　　　　　　B、一般

　　　C、有时烦　　　　　　　D、不愉快

<h3 align="center">小学生心理健康状况调查表</h3>

1. 不听别人的话：

　　（　　）是　　　　（　　）介于两者之间　　　　（　　）不是

2. 告诉他应当做的事时，大多是心不在焉地去做：

　　（　　）是　　　　（　　）介于两者之间　　　　（　　）不是

3. 对什么事都没有认真注意过：

　　（　　）是　　　　（　　）介于两者之间　　　　（　　）不是

4. 做什么事都不能马上就开始做，总是慢吞吞的：

　　（　　）是　　　　（　　）介于两者之间　　　　（　　）不是

5. 对人有明显的好恶：

　　（　　）是　　　　（　　）介于两者之间　　　　（　　）不是

6. 被人提醒过以后，总是有抵触情绪：

　　（　　）是　　　　（　　）介于两者之间　　　　（　　）不是

7. 对什么事都缺乏自信：

　　（　　）是　　　　（　　）介于两者之间　　　　（　　）不是

8. 在人面前顽固地不说好话：

　　（　　）是　　　　（　　）介于两者之间　　　　（　　）不是

9. 不是说别人的坏话，就是找借口打架：

　　（　　）是　　　　（　　）介于两者之间　　　　（　　）不是

10. 总是为别人的事放不下心：

　　（　　）是　　　　（　　）介于两者之间　　　　（　　）不是

11. 学习时总是不知道该学什么好：

　　（　　）是　　　　（　　）介于两者之间　　　　（　　）不是

12. 任何事都不想去记住：

　　（　　）是　　　　（　　）介于两者之间　　　（　　）不是

13. 作业马马虎虎，杂乱无章：

　　（　　）是　　　　（　　）介于两者之间　　　（　　）不是

14. 读书时比同学读得慢：

　　（　　）是　　　　（　　）介于两者之间　　　（　　）不是

15. 学习时间大多花在学习以外的事情上：

　　（　　）是　　　　（　　）介于两者之间　　　（　　）不是

小学生心理健康家长问卷调查

一、选择题

1. 您认为学校在"家长学校"开设这门课程（　　　）意义

　　A、有　　　　　　B、没有　　　　　　C、无所谓

2. 您平时（　　　）孩子的心理健康

　　A、关注　　　　　B、不太在意　　　　C、不关心

3. 您认为孩子如果心理有问题，是（　　　）的原因

　　A、家庭　　　　　B、老师　　　　　C、孩子自身　　　D、社会

4. 您平时（　　　）和孩子的沟通

　　A、很注重　　　　B、偶尔　　　　　C、无所谓　　　　D、从不

5. 您认为家庭教育对于孩子的心理健康（　　　）

　　A、很重要　　　　B、一般重要　　　C、没有关系

6. 对于孩子的学习状态，您（　　　）

　　A、很了解　　　　B、一般了解　　　C、不在意

7. 您认为孩子的身心健康发展（　　　）

　　A、正常　　　　　B、一般　　　　　C、不在意

　　D、不知道　　　　E、不正常

8. 孩子的个性发展您认为和（　　　）有关

　　A、家长的影响　　B、学校教育　　　C、孩子的天性

9. 孩子对待陌生人能（　　　）

　　A、喜欢　　　　　B、主动招呼　　　C、不理睬　　　　D、怯生

10. 孩子与新朋友在一起时（　　）

　　A、主动邀请一起玩

　　B、不好意思接近

　　C、只顾自己玩

11. 孩子受到委屈时（　　）

　　A、为自己辩解　　　　　　　　B、与人争吵

　　C、独自生闷气　　　　　　　　D、找家长述说

12. 孩子有话对（　　）说

　　A、老师　　　　　　　　　　　B、家长

　　C、好朋友　　　　　　　　　　D、谁也不说

13. 孩子对于您的要求总是（　　）

　　A、言听计从　　　　　　　　　B、无所谓

　　C、狡辩　　　　　　　　　　　D、从不遵守

14. 对小动物，孩子（　　）

　　A、喜欢　　　　　　　　　　　B、不伤害

　　C、捉弄　　　　　　　　　　　D、喜欢弄死

15. 您平时（　　）学习有关心理学方面的知识

　　A、主动　　　　B、不主动　　　　C、不在意

16. 您从学校关于孩子心理方面的专题讲座中（　　）收获

　　A、有　　　　　　　　　　　　B、没有

17. 您希望以后学校（　　）提供这方面的讲座

　　A、继续　　　　B、不必要　　　　C、请这方面的专家

18. 您认为孩子到学校的心情（　　）

　　A、非常愉快　　　B、一般　　　C、不开心　　　D、不了解

二、简答题。

1. 请您列举孩子的优点（越多越好）。

2. 请您就家庭教育对于孩子在情感、态度、责任、个性、意志等方面的影响谈谈您的看法。

五、调查结果分析

此次调查采用无记名形式，共发小学生调查问卷 96 份，有效收回 96 份；家长调查问卷 48 份，有效收回 48 份。

综合以上调查问卷分析表明，小学生心理异常者占 15%，有心理疾病者占 2.3%。在心理健康问题的分布上，高年级多于低、中年级，女生多于男生，随着年级的增高，小学生的心理问题日益严重，因此，在学校开展防患于未然的基础性心理健康教育是很必要的。因为，学生的心理健康与否不仅会给个人、家庭以及学校教育带来许多困扰，甚至还可能影响危及到社会。许多研究表明，诸如敌对、偏执、恐怖等心理问题往往就是引发攻击、暴力冲突，甚至青少年犯罪等反社会行为和精神失常的内部原因。

针对引发问题的根源不同，所采用的解决手段与方法也应有所区别，以便更好地做到有的放矢地引导与帮助。调查表明，造成上述结果的原因主要有以下几点：

1. 社会原因

主要是社会理想与信念的紊乱，小学生缺少理解能力和判断能力；其次是错误的传媒导向，使小学生难以形成真正的自我；再次是商品经济社会中出现的种种怪异的社会价值观，使小学生一时难以选择。

2. 个体原因

小学生的年龄一般在 7~13 岁，大多数属于"青春前期"阶段，在生理和心理上急剧变化，内心充满了矛盾与冲突，久而久之，就会出现心理异常疾病，独生子女的心理承受能力偏低也会产生异常或病态的行为。

3. 家庭原因

当代家长对子女的期望值过高，加上错误的家教策略，由于"代沟"的存在，缺少沟通与理解，孩子的心理矛盾不能及时排除，使孩子的心理朝畸形发展。另外，单亲家庭也会造成中学生在心理发育上显得不够健全、和谐。

4. 学校原因

由于课业负担很重，考试频繁，加上教师教育方法失当，又缺乏心理健康指导使学生处于恐怖和焦虑当中。

六、组织者的思考和建议

1. 确立心理健康意识，明确心理辅导的任务，坚持做到以人为本。

2. 对教师进行全员培训，普及心理辅导的基本知识，提高教师的心理素质。

3. 开设课程，做好预防工作。

4. 建立心理咨询、辅导机构，加强个别辅导。

5. 进行家教讲座，办好家长学校，提高家长素质。

未成年人的身体和心理能否健康发展，关系到国民素质的提高和国家民族的兴衰。加强对小学生的心理指导，预防心理疾病的产生，是不可忽视的问题。小学生是祖国的未来，这个群体的健康与否，预示着国家的发展是否处于一个良性状态。同时，小学生处于长身体阶段，有很大的可塑性，加强小学生的心理指导，可以尽可能的减少未来的心理疾病人数，对我们建设现代化强国，改善人口结构都有着举足轻重的作用。